SVANEMØLLEN
RYPARKEN
STRAND-VEJEN
STRANDVÆNGET
LYNGBYVEJ
JAGTVEJ
ØSTERBROGADE
NORDHAVN
ØRESUND
NORDHAVN
F
ØSTBANEGADE
ØSTERBRO
FÆLLED-PARKEN
NØRRE ALLÉ
BLEGDAMSVEJ
C
DEN LILLE HAVFRUE
A PEQUENA SEREIA
ØSTERPORT
KASTELLET
YDERHAVNEN
REFSHALEØEN
STATENS MUSEUM FOR KUNST
MUSEU DE BELAS-ARTES
FREDENS-BRO
ST. KONGENS-GADE
KUNSTINDUSTRI-MUSEET
DRONNING LOUISES BRO
ØSTER SØGADE
ROSENBORG SLOT
GOTHERSGADE
A
AMALIENBORG
BREDGADE
D
OPERAEN
ÓPERA
SKUESPILHUSET
PRØVESTENEN
NØRREPORT
NØRRE SØGADE
NØRRE VOLDGADE
THORVALDSENS MUSEUM
MUSEU THORVALDSEN
Kongens Nytorv
NYHAVN
PORTO NOVO
Gammeltorv
Nytorv
B
BØRSEN
BOLSA DE VALORES
CHRISTIANSHAVN
CHRISTIANIA
VOR FRELSERS KIRKE
IGREJA DO NOSSO SALVADOR
TIVOLI
H.C. ANDERSENS BOULEVARD
CHRISTIANS BRYGGE
HOVEDBANE-GÅRDEN
BERNSTORFFS-GADE
NY CARLSBERG GLYPTOTEK
GLIPTOTECA
AMAGER BOULEVARD
AMAGERBROGADE
SUNDBY ØSTER
DYBBØLSBRO
KALVEBOD BRYGGE
AMAGERBRO
AMAGER FÆLLEDVEJ
AMAGER STRAND
SYDHAVNEN
AMAGER FÆLLED
ØRESTAD BOULEVARD
RØDE MELLEMVEJ
ENGLANDSVEJ
AMAGERBROGADE
SUNDBY VESTER
KASTRUP
VEJLANDS ALLÉ

"HYGGE"

A arte de viver dinamarquesa. Em cada janela, a luz das velas brilha desde que anoitece e pode ser vista da rua, cercada de bibelôs charmosos. Dentro das casas, um calor reconfortante, um *gløgg* (vinho quente) e conversas animadas esperam os convidados. Nos lares, mas também nos bares e restaurantes, o ambiente deve sempre ser *hyggelig*! Trata-se de uma forma de combater os invernos rigorosos e os longos meses em que o sol se esconde.

DE BICICLETA NOS CAIS

→ *Sankt Nicolaj Kirke Meados ago www.copenhagenfashionfestival.com*
Salão dos jovens criadores de moda.
Copenhague Cooking
→ *4ª semana ago www.copenhagencooking.com*
Festival culinário dedicado à gastronomia nórdica.
Golden Days Festival
→ *www.goldendaysfestival.dk*
A Era de Ouro (1780-1830) vista em exposições, shows, degustações...

Outubro
Kulturnat
→ *2ª semana www.kulturnatten.dk*
Noite da cultura.

Novembro
CPH: Dox
→ *www.cphdox.dk*
Documentários internacionais.

Meados de novembro-dezembro
Mercado de Natal no parque Tivoli (**B** B2)
→ *www.tivoli.dk*

ORÇAMENTO

De maneira geral, a vida na Dinamarca é cara.

Hospedagem
Quarto de casal no centro da cidade: Kr800-1.400.

Restaurantes
Prato: Kr100-250.
Smørrebrød mais barato: Kr75-100.

Noite
Entrada em uma casa noturna: Kr60.

Museus
Entrada: Kr60-95.

Copenhagen Card
→ *24h: Kr339; 48h: Kr469; 72h: Kr559; 120h: Kr779*
Acesso a 72 museus, locais de passeio e transporte.

HORÁRIOS

Refeições
Almoço leve por volta das 12h-13h, jantar às 18h-19h. Cafés abertos das 7h às 22h. Depois das 22h é difícil jantar.

Noite
Bares abertos até os últimos clientes.

Museus
→ *Em geral, ter-dom 10h-16h*

Escritórios
→ *Em geral, seg-sex 9h-17h*

Lojas
→ *Em geral, seg-qui 10h-17h30, sex 10h-18h, sáb 10h-15h e 1º dom do mês*
Floristas, padarias e quiosques abertos aos dom.

Correio central
→ *Købmagergade 33* (**A** D3)
Seg-sáb 10h-18h (14h sáb)

PARA COMER

Hábitos
Comem-se coisas diferentes no almoço e no jantar, e não nos mesmos lugares: no almoço, *smørrebrød* em cafés (abrem ao meio-dia); à noite, jantar farto em restaurantes.

Especialidades
Frikadeller, *fiskefrikadeller*: bolinho de carne ou

ARQUITETURA

Renascimento holandês (Cristiano IV)
Entre 1588 e 1648, o estilo preferido do "Luís XIV dinamarquês", rei construtor: telhados pontiagudos, empenas esguias, ornamentos e fachadas de tijolos vermelhos.
Børsen (**B** F1)

Classicismo e Rococó
Entre 1650 e 1750, sobriedade e regularidade nas fachadas de arenito: um Classicismo logo superado pelo Rococó de ornamentos elegantes (Nicolai Eigtved).
Amalienborg (**C** B6)

Era de Ouro
Entre 1780 e 1830, efervescência literária (Andersen), artística (Eckersberg, Thorvaldsen), filosófica (Kierkegaard) e arquitetônica (Hansen), inspirada pela Antiguidade. Vor Frue Kirke (**A** C3)

Ecletismo
Entre 1850 e 1930, os estilos históricos lembram a função dos edifícios: Romano para uma igreja, Clássico para um museu. Ny Carlsberg Glyptotek (**B** C3)

Modernismo e arquitetura contemporânea
Representado por Arne Jacobsen (1902-1971), o Modernismo busca racionalidade e luz, e influencia a criação atual: Radisson Blu Royal Hotel (**E** F2). Construções emblemáticas do século XXI: Operaen (**D** C2), Skuespilhuset (**D** B2) e Superkilen (**F** A1).

COPENHAGUE

Seu Guia Passo a Passo

Aberta ao mundo, festeira, esportiva, próxima da natureza, Copenhague oferece uma excelente **qualidade de vida**. Uma palavra resume tudo isso: ***hygge***, ou a "arte de viver" dinamarquesa, que consiste em cuidar bem da casa, colocar uma vela acesa no parapeito da janela e se reunir com os amigos quando faz frio lá fora... Cidade de marinheiros e comerciantes, Copenhague cresceu no séc. XVII ao redor de **Nyhavn**, o "Porto Novo", com cais embelezados por **casas coloridas**, pela **Bolsa de Valores** – antiga controladora do comércio báltico – e pelo castelo de **Rosenborg**, típicos de um Renascimento de influência flamenga. Os palácios rococós de **Amalienborg**, onde mora a rainha, precedem a Era de Ouro, na transição do séc. XVIII para o XIX, quando Hansen, Thorvaldsen, Andersen e Kierkegaard fizeram a Dinamarca brilhar além de suas fronteiras. O séc. XX confirmou a força do **design** dinamarquês, sempre na moda, a um só tempo sóbrio e funcional, e que resume em si o espírito do país e da cidade: tudo deve ser bonito e funcionar bem. Essa filosofia se encontra no amor por coisas boas, nos **cafés** aconchegantes e nos **restaurantes** gastronômicos de reputação internacional. Em Copenhague, a vida – em família ou entre amigos – transcorre sossegadamente ao ar livre, a pé nos grandes **parques** e também de **bicicleta**, nas ciclovias que cruzam toda a cidade, ao longo dos **canais** ou ligando belos exemplares arquitetônicos dos anos 2000 nos cais do porto. Outro passeio interessante é à Cidade Livre de **Christiania**, um bairro anarquista autogerido. Com **Seu Guia Passo a Passo**, a cidade se abre para você!

Bem-vindo a Copenhague!

A Strøget / Latinerkvarteret

B Tivoli / Slotsholmen

C Frederiksstaden / Langelinie

D Nyhavn / Christianshavn

E Vesterbro / Frederiksberg

F Nørrebro / Østerbro / Kongens Have

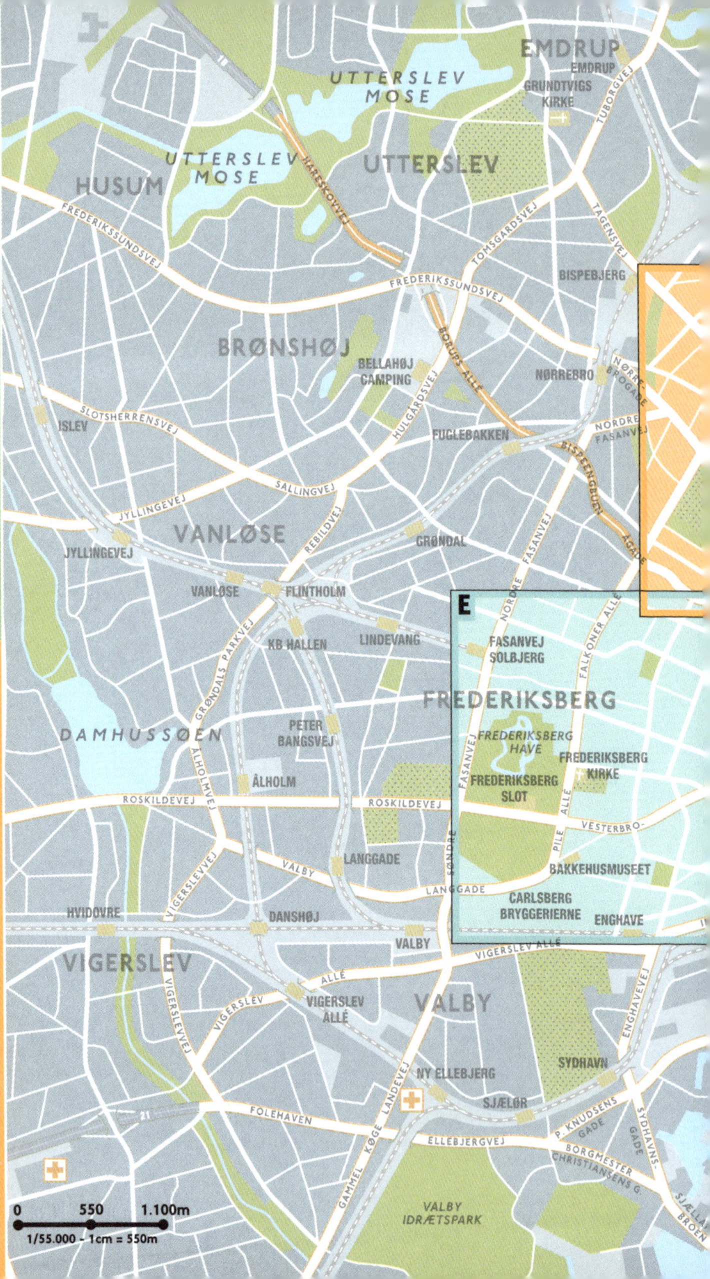

A BANDEIRA DINAMARQUESA

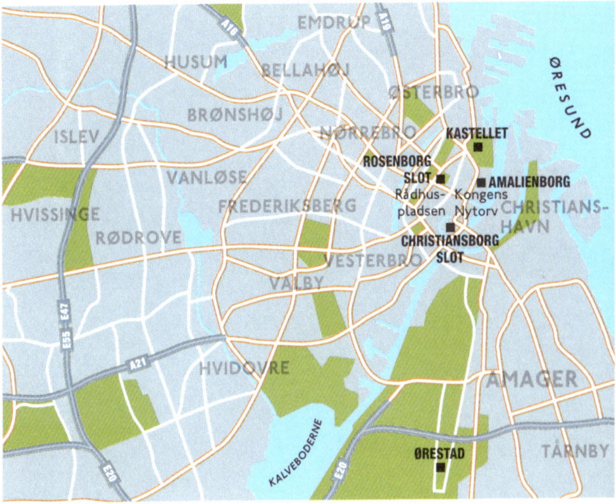

BAIRROS DE COPENHAGUE

PERFIL DA CIDADE

- Capital da Dinamarca
- 1,25 milhão de habitantes
- Superfície: 88km²
- Moeda: coroa dinamarquesa (Kr1 = 100øre; €1 = Kr7,45; Kr1 = €0,13)
- Jan: -10/-3°C; jul: 10/29°C

INTERNET

→ *www.visitdenmark.com*
Escritório de turismo da Dinamarca.
→ *www.visitcopenhagen.com*
Escritório de turismo de Copenhague.
→ *www.aok.dk*
Aonde ir na cidade.

Wi-Fi
Acesso gratuito em vários locais.
Let's Play (fora do mapa **E** A1)
→ *Nordre Fasanvej 113 Tel 72 22 45 00 Diariam 24h*
X-Camp (**E** E1)
→ *Rosenørns Allé 34 Tel 35 39 01 10 Diariam 12h-4h (6h sáb-dom)*

INFORMAÇÕES TURÍSTICAS

Embaixada do Brasil em Copenhague
→ *http://copenhague.itamaraty.gov.br Tel (45) 3920-6478*

Wonderful Copenhagen (**A** C3)
→ *Vesterbrogade 4A Tel 70 22 24 42 Set-abr: seg-sáb 9h-16h (14h sáb); mai-jun: seg-sáb 9h-18h (14h sáb); jul-ago: diariam 9h-19h*
Folhetos, informações etc.

Meet the Danes
→ *Tel 23 28 43 47 www.meetthedanes.dk*
Para um jantar com moradores da cidade, uma visita guiada, um hotel.

TELEFONES

Brasil-Copenhague
→ *00 + operadora + 45 (cód. Dinamarca) + nº de tel com 8 dígitos*
Copenhague-Brasil
→ *00 + 55 + código da cidade (sem zero) + nº de tel*

Números úteis
Urgências
→ *Tel 112*
Médicos para urgências
→ *Tel 1813 Seg-sex 16h-8h, sáb-dom 24 horas*
Farmácia 24 horas
Steno Apotek (**E** F2)
→ *Vesterbrogade 6C Tel 33 14 82 66*
Informações
→ *Tel 118 (nacional e internacional)*

CALENDÁRIO

Feriados
→ *1º jan, Qui-Sex Santas, Seg de Páscoa, 16 abr (aniversário da rainha, que aparece no balcão do Amalienborg), 4ª sex pós-Páscoa (Store-Bededag, festa religiosa), 1º mai, 5 jun (Dia da Constituição), Ascensão, Pentecostes (2 dias), 24-26 dez.*

Janeiro-fevereiro
Vinterjazz Festival
→ *www.jazz.dk*
Festival de jazz, no inverno.

Abril
CPH Pix
→ *www.cphpix.dk*
Longas-metragens.

Maio
Maratona
→ *3º dom*
Karneval (Carnaval)
→ *Meados mai*
Vesterbro Festival
→ *Fim mai www.vesterbrofestival.dk*
Grandes nomes do pop, rock, eletrônico, hip-hop.

Junho
Sankt Hans Aften
→ *23 jun à noite*
Celebração do dia mais longo do ano. Festa de São João, danças etc.

Julho
Copenhagen Jazz Festival
→ *www.jazz.dk*
Artistas do mundo inteiro.
Roskilde Festival
→ *30min a oeste de Copenhague www.roskilde-festival.dk*
O Woodstock dinamarquês do rock.

Agosto-setembro
Copenhagen Fashion Festival (**A** E4)

Atrações imperdíveis

Os dez lugares que você não pode deixar de visitar

✪ **Vor Frelsers Kirke** (**D** B4)
Ao chegar, suba até o campanário da Igreja de Nosso Salvador, de 95m de altura, e lance um olhar sobre a cidade. Tal como os heróis de *Viagem ao centro da Terra*, de Júlio Verne, você terá de subir os 400 degraus dessa rampa em espiral (Laurids de Thurah, 1752). Lá de cima, visão de 360° sobre os telhados: excelente forma de começar a se localizar, entender como a cidade foi construída e admirar a homogeneidade de suas casas. Distinguem-se ao longe os aerogeradores plantados no mar e a ponte que liga o país à Suécia.

✪ **Den Lille Havfrue – A Pequena Sereia** (**C** C3)
Símbolo incontestável de Copenhague e também da Dinamarca, tendo como fundo o mar e o porto, a comovente silhueta, sentada num rochedo com o olhar perdido no horizonte, parece frágil. Esculpida por Edvard Eriksen, foi dada de presente à cidade em 1913 pelo industrial cervejeiro Carl Jacobsen (da Carlsberg).

✪ **Nyhavn** (**D** B2)
No "Porto Novo" de Copenhague destacam-se as casas com empenas de cores contrastantes, as velhas embarcações e os antigos antros de jogo transformados em restaurantes. Fundado no séc. XVII, Nyhavn conserva no nº 9 a casa mais antiga da cidade (1681), toda azul, e no nº 67 a casa onde Andersen escreveu seus *Contos*.

✪ **Thorvaldsens Museum** (**B** D1)
Essa extraordinária construção de inspiração antiga foi erguida enquanto o escultor Bertel Thorvaldsen (1770-1844) ainda era vivo, para abrigar sua obra. Do lado de fora, um afresco conta a história da volta do artista de Roma. Lá dentro, suas esculturas neoclássicas, de um branco marmóreo, destacam-se graciosamente nas paredes pintadas de vermelho-tijolo, amarelo-ocre e azul-escuro, ao passo que o teto é decorado com figuras de feições grotescas.

✪ **Operaen** (**D** C2)
Uma joia da arquitetura? Uma torradeira? As opiniões se dividem na avaliação da nova Ópera (2005), encomendada a Henning Larsen pelo milionário dinamarquês Mærsk Møller. Mas uma coisa é certa: a localização do prédio, a vista para a cidade e a acústica são imbatíveis. Logo em frente fica o Skuespilhuset (**D** B2), novo cenário (2008) para o Teatro Real.

✪ **Christiania** (**D** C4)
Um mito para os nostálgicos das utopias dos anos 1970. Uma Cidade Livre, autogerida, verdadeiro sucesso comunitário fundado em 1971, onde as casas se espalham por entre a vegetação e onde se fabricam bicicletas de qualidade inegável. Centro de expressão cultural dinâmica, tem 2 mil habitantes que seguem regras diferentes das do resto do país: maconha é vendida livremente, todo tipo de construção é permitido, assim como grafites etc. A existência desse lugar fora do comum é regularmente ameaçada pelas autoridades.

✪ **Amalienborg** (**C** B6) **e a troca da guarda**
Todo dia, às 11h30, a guarda real sai do Castelo de Rosenborg (**F** E4) (merece uma visita pelas joias da Coroa e pelo Salão de Inverno, com quadros flamengos) para fazer a troca em Amalienborg. A cerimônia é perfeita para entender os laços que unem o povo à família real e à popular rainha Margarida II, no trono desde 1972. Quando ela está em Amalienborg, magnífico exemplo do Rococó dinamarquês, a troca da guarda se estende até a simétrica praça hexagonal.

✪ **Børsen** (**B** F1)
Uma Bolsa de Valores surpreendente (1642), com sua magnífica torre acobreada formada por quatro caudas de dragão entrelaçadas, uma ideia do grande rei construtor Cristiano IV. O mercado, típico do Renascimento dinamarquês, abrigava armazéns e lojas.

✪ **Ny Carlsberg Glyptotek** (**B** C3)
Outro presente do industrial cervejeiro Carl Jacobsen, que ofereceu sua coleção da arte à cidade em 1888. As obras antigas (esculturas egípcias e greco-romanas) e as pinturas e esculturas dinamarquesas e francesas dos sécs. XIX-XX encontram-se no prédio de Dahlerup, finalizado em 1897, e na luminosa ala contemporânea (1996) de Henning Larsen. Espetacular jardim de inverno mediterrâneo cujo domo de vidro derrama luz sobre um espelho d'água do qual emerge *A mãe das águas*, de Kai Nielsen (1882-1924).

✪ **Statens Museum for Kunst** (**F** E4)
É o "Louvre" dinamarquês, com obras adquiridas pelos monarcas ao longo dos séculos. Dentre os mais célebres artistas encontram-se Mantegna, Cranach, Rubens, Rembrandt, Nolde e Matisse e, é claro, todos os grandes nomes da história da arte do país: pintores da Era de Ouro dinamarquesa (fim do séc. XVIII-início do séc. XIX), Vilhelm Hammershøi (1864-1916), Asger Jorn (1914-1973), Per Kirkeby (1938-) etc.

Informações práticas ⤴

A

Strøget / Latinerkvarteret

Com seu incessante vaivém de pedestres, a rua Strøget, um calçadão, atravessa o centro histórico da cidade, formando um traço de ligação entre suas duas praças principais, Rådhuspladsen e Kongens Nytorv. Há muitas lojas, primeiro algumas mais populares, depois as mais chiques, nas proximidades de Kongens Nytorv. Ao redor da universidade, a alma boêmia toma conta dos bares e cafés situados no térreo de antigas casas coloridas, eterno ponto de encontro dos estudantes. A oeste, a calma do parque Ørsted contrasta com a efervescência do novo mercado de paredes de vidro, o Torvehallerne.

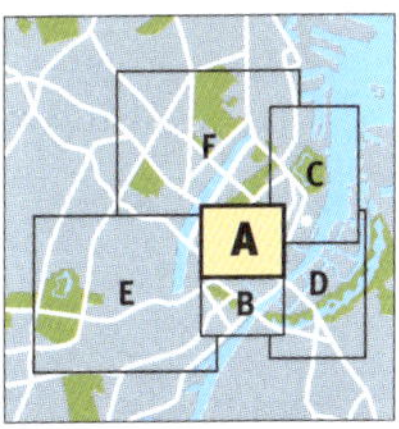

COCKS AND COWS

BRDR. PRICE

RESTAURANTES

Cocks and Cows (**A** D4)
→ *Gammel Strand 34 Tel 69 69 60 00 Diariam 11h30-24h (2h sex-sáb)*
Localização ideal, em frente ao Thorvaldsens Museum: deliciosos hambúrgueres para serem degustados no terraço ou na parte de dentro, em bancos forrados de napa vermelha. Prato Kr89-129.

Schønnemann (**A** D2)
→ *Hauser Plads 16 Tel 33 12 07 85 Seg-sáb 11h30-17h*
Desde 1877 a serragem cobre o piso dessa pousada, pois no passado era costume as pessoas cuspirem no chão. Várias opções de arenque e smørrebrød. Menu Kr258-358; prato Kr90-170.

Brdr. Price (**A** C1)
→ *Rosenborggade 15-17 Tel 38 41 10 20 Diariam 12h-24h (1h sáb-dom)*
Endereço elegante para comer bem sem ir à falência, no café ou no restaurante. Salões aquecidos e mesas bem espaçadas. Estrogonofe, sopa de peixe, mariscos à marinheira. Prato Kr100 (café); Kr185 (restaurante).

Un Mercato (**A** B1)
→ *Torvehallerne, Frederiksborggade 21 Diariam 11h30-23h (22h dom)*
Atrás do novo mercado coberto (2011), uma pequena estrutura de vidro em dois níveis, cercada por um maravilhoso terraço com mesas e bancos. Especialidades italianas e frango assado. Prato Kr115-255.

Pastis Fishmarket (**A** F3)
→ *Hovedvagtsgade 2 Tel 88 16 99 99 Seg-sáb 11h30-15h, 17h30-22h30*
Um bistrô retrô chique à francesa, com bancos de madeira, porta-casacos de ferro fundido e muita louça de faiança. No cardápio, produtos do mar superfrescos. Boa carta de vinhos. Menu Kr225 (almoço); Kr325 (jantar).

Restaurationen (**A** E2)
→ *Møntergade 19 Tel 33 14 94 95 Ter-sáb 18h-22h*
Bastante atenciosos com os clientes, Bo Jacobsen e a esposa, Lisbeth, adoram inovar: a cada semana, um menu único de quatro pratos. Para ficar horas curtindo as delícias. Menu Kr495; prato Kr245.

CAFÉS

Café Hovedtelegrafen (**A** D3)
→ *Købmagergade 37 Tel 33 41 09 86 Diariam 10h-16h*

GAMMELTORV

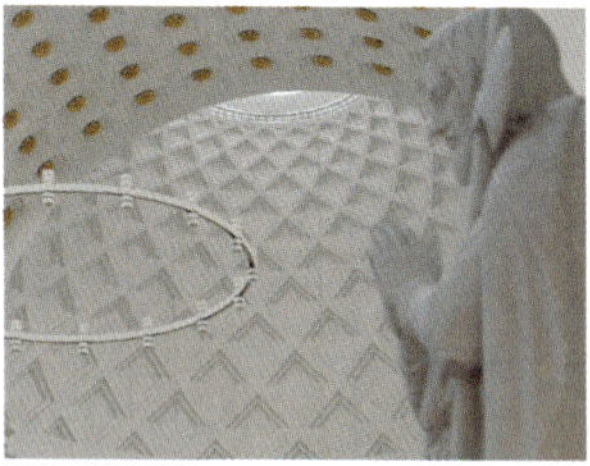
VOR FRUE KIRKE

UNIVERSITET

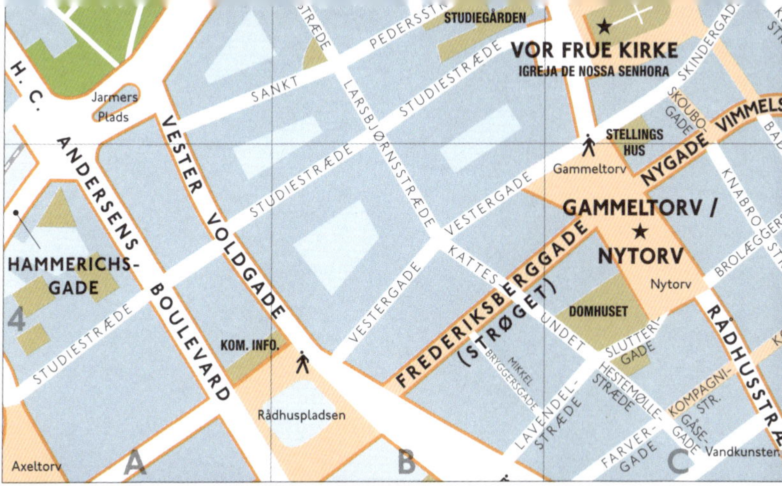

HØJBRO PLADS/KUNSTHALLEN NIKOLAJ

RUNDETÅRN

CINEMATEKET, DET DANSKE FILMINSTITUT

★ **Gammeltorv / Nytorv** (**A** C4)
A praça "Antiga" e a "Nova", reunidas depois dos incêndios do séc. XVIII, ocupam uma imensa esplanada para pedestres. No centro da Gammeltorv há uma delicada fonte renascentista encimada pela figura da Caridade, e na borda da Nytorv o Domhuset, o austero palácio da justiça de C. F. Hansen. No verão, os terraços do café invadem as praças, alegre ponto de encontro dos copenhaguenses.

★ **Vor Frue Kirke** (**A** C3)
→ *Vor Frue Plads Tel 33 15 10 78 Seg-qua, sáb 7h30-17h; qui-sex 7h30-17h, 20h-24h; dom 7h30-17h, 19h-23h*
A imponente catedral neoclássica da cidade, Nossa Senhora, edificada em 1829 por C. F. Hansen. Pontuando a sobriedade de sua nave branca e luminosa, as estátuas dos doze apóstolos sucedem-se até o coro, onde reina, monumental, o *Cristo* de Thorvaldsen.

★ **Universitet** (**A** C3)
→ *Vor Frue Plads Seg-sex*
Visita obrigatória à universidade (1836) para ver seu hall magistral: figuras grotescas em estilo antigo pintadas por C. F. Hansen e estátuas neoclássicas de Atena e Apolo, de Bissen.

★ **Gråbrødretorv** (**A** D3)
A praça dos irmãos Gris, verdadeira joia que você descobre como que por magia depois de uma série de fachadas multicoloridas. Ao centro, uma árvore velhíssima apresenta sua imponente silhueta, enquanto mesas e guarda-sóis lotam as calçadas irregulares. As fachadas barrocas do séc. XVIII deixam à vista as vigas recuperadas de diversos incêndios.

★ **Helligåndskirken** (**A** D3)
→ *Niels Hemmingsens Gade 5 Tel 33 15 41 44 Seg-sex 12h-16h **Missa** Dom 10h (verão), 11h (inverno)*
Igreja do Espírito Santo (1880), um recanto de paz nas proximidades da fervilhante Strøget. No ambiente calmo, executivos se recolhem por um instante enquanto os turistas admiram as fontes batismais (1827) de mármore branco, de Thorvaldsen.

★ **Højbro Plads/ Kunsthallen Nikolaj** (**A** E4)
→ *Nikolaj Plads 10 Tel 33 18 17 80 Qua-dom 12h-17h (21h qui) www.nikolajkunsthal.dk*
Uma das praças mais animadas da cidade, com seus cafés-terraço. Era lá que ficava antigamente o grand

LOUISIANA MUSEUM FOR MODERNE KUNST

CADEIRA JACOBSEN (KLASSIK)

SMØRREBRØD

DESIGN

Nascido da arquitetura funcionalista dos anos 1930, o design dinamarquês goza de reputação mundial. Define-se pela busca de um equilíbrio perfeito entre forma e função: simplicidade e utilidade prevalecem sobre a beleza, que não é um fim em si mesma. Nessa procura, a luz, em suas três formas – natural, artificial e "viva" (velas) –, desempenha papel essencial. Os grandes clássicos de Kaare Klint, Arne Jacobsen e Poul Henningsen ainda são bem atuais.

peixe; *Flæskesteg med rødkål*: porco assado, à pururuca; *Hakkebøf*: bife fatiado com cebola e ovo; *Lagkage*: bolo com recheio de creme; *Pølser*: salsicha; *Røget laks*: salmão defumado; *Sild*: arenque marinado no vinagre com cebola e especiarias; *Smørrebrød*: fatias de pão preto amanteigado com carnes defumadas variadas; *Fadøl*: chope; *Snaps* ou *akvavit*: aguardente.

PASSEIOS

Em ônibus turístico
→ *Partidas de Rådhuspladsen* (**B** B1)
De barco
Cruzeiro de 60min.
Copenhagen Canal Tours (**D** A2)
→ *Tel 32 66 00 00*
Meados mar-abr: diariam 9h30-18h; mai-fim jun: diariam 10h-18h; fim jun-meados ago: diariam 9h30-21h; meados set-meados mar: 9h30-15h20
Partidas de Gammel Strand (**A** E4) e de Nyhavn (**D** A2).
Nettobådene (**D** A2)
→ *Tel 32 54 41 02*
Abr-jun: diariam 10h-18h; jul-ago: diariam 10h-20h; set-out: diariam 10h-17h; nov-mar: diariam 10h20-15h
Partidas de Nyhavn (**D** A2) e da Holmens Kirke (**A** F4).
Ônibus-barco
→ *Seg-sex 6h40-20h50, sáb-dom 10h-19h45*
Linhas 991 e 992, de Nordre Toldbod (**C** C4) à Det Kongelige Bibliotek (**B** E2).
De bicicleta
Cycling Copenhagen (**E** E3)
→ *Westend 4 Tel 21 76 28 29 Com reserva www.cycling-copenhagen.dk*
Jogging
Running Copenhagen
→ *Tel 20 58 58 77 Com reserva www.running-copenhagen.dk*
A pé
Copenhague Cool (**E** C3)
→ *Vesterbrogade 176 Tel 29 80 10 40 Com reserva www.cphcool.dk*
Passeios turísticos ou gastronômicos de aproximadamente 2h.
Museus grátis
→ *Diariam*
Davids Samling (**F** E4), Statens Museum for Kunst (**F** E4) (fechado seg), Nationalmuseet (**B** C2) (fechado seg)
→ *Ter*
Den Hirschsprungske Samling (**F** E3), Thorvaldsens Museum (**B** D1), Kunsthallen Nikolaj (**A** E3)
→ *Qui*
Ny Carlsberg Glyptotek (**B** C3)
→ *Sex*
Københavns Museum (**E** E3)

SAÍDAS

Programas gratuitos
→ *www.visitcopenhagen.com Ou no escritório de turismo*
Os eventos do mês.
Teater / Film / Musik Kalenderen
→ *Bares e escritório de turismo*
Det Kongelige Danske Musikkonservatorium
→ *www.dkdm.dk*
Mais de 200 concertos clássicos por ano, quase todos gratuitos.
Revista de programação
Dansk
→ *www.danskmagazine.com*
Trimestral. Locais mais na moda.
The Copenhagen Post
→ *www.cphpost.dk*
Semanário de distribuição gratuita às sextas, com a programação cultural.
Reservas
Billetnet
→ *Tel 70 15 65 65 Seg-sex 10h-17h www.billetnet.dk*
Central de vendas Tivoli (**B** A2)

PASSEIOS

→ *Vesterbrogade 3 Tel 33 15 10 12 Abr-fim set: diariam 10h-20h (23h sex); fim set-mar: seg-sex 10h-18h*

COMPRAS

Moda
Prêt-à-porter, grandes marcas internacionais e dinamarquesas na Strøget (**A**). Moda mais alternativa na Nørrebro (**F**) (Elmegade e cercanias) e na Vesterbro (Kødbyen) (**E**).

Design e antiquários
Butiques caras e chiques na Bredgade (**C** A6-B5), menos caras na Ravnsborggade (**F** C4), em Nørrebro. Grandes marcas de design na Strøget e boas escolhas nos museus, como o Designmuseum Danmark (**C** B5).

Lojas de departamentos
Magasin du Nord (**D** A2)
→ *Kongens Nytorv 13 Diariam 10h-20h*
Illum (**A** E3)
→ *Østergade 52 Seg-sáb 10h-20h, dom 11h-18h*

Supermercados
Netto, Irma
→ *Seg-sex 8h-20h/21h*
7-Eleven
→ *Diariam 24h/24*

Brechós e antiguidades
Nørrebrogade (**F** B3)
→ *Abr-out: sáb 8h-15h*
Ao longo do cemitério.
Frederiksberg (**E** B2)
→ *Abr-out: 9h-15h*
Atrás do Rådhus.
Gammel Strand (**A** D4)
→ *Mai-set: sex-sáb 8h-18h (17h sáb)*
Halmtorvet (**E** F3)
→ *Abr-out: sáb 8h-16h*

MINIDICIONÁRIO

Palavras comuns
Godmorgen, god dag: bom dia; *Hej*: olá; *Farvel*: adeus; *Åben*: aberto; *Lukket*: fechado; *Tak*: obrigado; *Skål*: saúde!; *Morgenmad*: café da manhã; *Frokost*: almoço; *Aftensmad*: jantar

Para se localizar
Gade: rua; *Vej*: estrada; *Plads, torv*: praça; *Bro*: ponte; *Have, par*: parque; *Hus*: casa; *Slot, borg*: castelo; *Ny*: novo; *Havn*: porto
Atenção, os nomes das ruas são bem parecidos (Allégade e Allersgade, Kronprinsensgade e Kronprinsessegade etc.)

PARA CRIANÇAS

DGI-Byen (**E** F3)
→ *Tietgensgade 65 Tel 33 29 80 00 www.dgi-byen.dk*
Atividades diversas, piscina, sauna.

Patinação Valby (**F** C1)
→ *Toftegårds Plads Dez-fev: diariam*

Zoo (**E** A3)
→ *Roskildevej 32 Tel 72 200 200 www.zoo.dk*

Experimentarium (**D** C3)
→ *Trangravsvej 10 Tel 39 27 33 33 www.experimentarium.dk*
200 atividades divertidas para descobrir a ciência.

PASSEIOS

Amager Strand
→ *6min de metrô M2 (Lergravsparken)*
Praia de areia fina.

Dragør
→ *30min de ônibus 30, 350S*
Charmoso porto de pesca com ruas estreitas e casas de sonho.

Arken Museum for Moderne Kunst
→ *Ishøj 25min de trem (S-tog A ou E), depois ônibus 128 Tel 43 54 02 22*
As vanguardas pós-1945 dominam a praia.

Costa leste da Sjælland
→ *De trem*
Bellavista
→ *Klampenborg*
Casas (1934) de A. Jacobsen. Praia agradável.
Karen Blixen Museum
→ *Rungsted Kyst Tel 45 57 10 57*
A linda casa da escritora.
Louisiana Museum for Moderne Kunst
→ *Humlebæk Tel 49 19 07 19 Ter-dom 11h-22h (18h sáb-dom)*
Excepcional museu de arte moderna: belíssimas coleções e arquitetura única, à beira-mar.
Kronborg Slot
→ *Helsingør Tel 49 21 30 78*
O castelo de Hamlet.

Frederiksborg Slot
→ *Hillerød 45min de trem (S-tog A, depois ônibus 301, 302, 303 ou 324) Tel 48 26 04 39*
O "Versalhes" danês, erigido por Cristiano IV.

Roskilde
→ *30min de trem*
Museu de barcos vikings e a catedral da ex-capital.

Malmö
→ *35min de trem*
Passeio na Suécia.

NYHAVN

A PEQUENA SEREIA

THORVALDSENS MUSEUM

OPERAEN

VISTA DE COPENHAGUE DO ALTO DA VOR FRELSERS KIRKE (IGREJA DE NOSSO SALVADOR)

Informações práticas

À exuberância do Tivoli, lendário parque de diversões, opõe-se a sóbria elegância da Ny Carlsberg Glyptotek e do Nationalmuseet, ilustres museus nacionais. A dois passos dali fica a praça da prefeitura, Rådhuspladsen, que com seus anúncios luminosos faz lembrar a Times Square nova-iorquina. Charmosas ruas para pedestres conduzem à ilhota de Slotsholmen, separada da cidade por um canal. Com ares respeitáveis, o coração político e econômico da capital abriga o castelo de Christiansborg, a Bolsa de Valores e a Biblioteca Real.

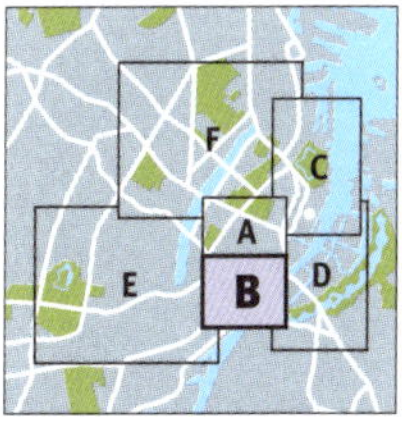

LÊLÊ STREET KITCHEN

KANAL CAFÉEN

RESTAURANTES

LêLê Street Kitchen (**B** A1)
→ *H. C. Andersens Boulevard 8 Tel 33 22 71 37 Diariam 11h30-22h* ***Café da manhã*** *diariam 7h-10h (11h sáb-dom)*
Charmosa e acolhedora cantina asiática toda em vermelho e azul num canto da rua. Pratos populares a preços baixos para conhecer os sabores do Vietnã. Menu a partir de Kr168; prato Kr38-98.

Kanal Caféen (**B** D2)
→ *Frederiksholms Kanal 18 Tel 33 11 57 70 Seg-sáb 11h30-17h (15h sáb)*
No passado, só os pescadores vinham se embebedar nesse café perto da rua onde hoje se almoça smørrebrød entre antigos modelos de barcos. Totalmente dinamarquês. Smørrebrød Kr55-92.

Tårnet (**B** E1)
→ *Christianborg Slot Prins Jørgens Gård 1 Tel 33 37 31 00 Ter-dom 11h30-16h, 18h-22h*
Almoce ou jante na torre do castelo de Christianborg, que é também a sede do Parlamento. Gastronomia dinamarquesa como deve ser, porém revisitada: arenque de Bornholm, smørrebrød e doces finos. Magníficas vistas de Copenhague e, bem ao longe, da Suécia. Reserve. Menu Kr275-525; prato Kr85-225.

Krogs (**B** D1)
→ *Gammel Strand 38 Tel 33 15 89 15 Seg-sáb 12h-15h, 18h-24h*
Uma verdadeira instituição, local de encontro dos amantes da culinária desde 1910. Guardanapos de linho e lustres de cristal, ótimos vinhos grand crus. Menu Kr345; prato Kr125-275.

Restaurant Søren K (**B** E2)
→ *Søren Kierkegaards Plads 1 Tel 33 47 49 49 Seg-sáb 12h-22h*
Atrás das imensas fachadas de vidro do "Diamante Negro" *(Den Sorte Diamant)*, tem-se a impressão de jantar sobre a água. Design minimalista à imagem de uma culinária dinamarquesa voltada para a saúde (cozidos sem manteiga nem creme de leite). Menu: Kr255 almoço, Kr500 (jantar); prato Kr175 (almoço), Kr190 (jantar).

Marv & Ben (**B** D1)
→ *Snaregade 4 Tel 33 91 01 91 Seg-sáb 18h-22h*
De uma moderna sobriedade em dois andares, um restaurante pequeno de culinária inspirada e inovadora. Os pratos levam

TIVOLI

KØBENHAVNS RÅDHUS

NY CARLSBERG GLYPTOTEK

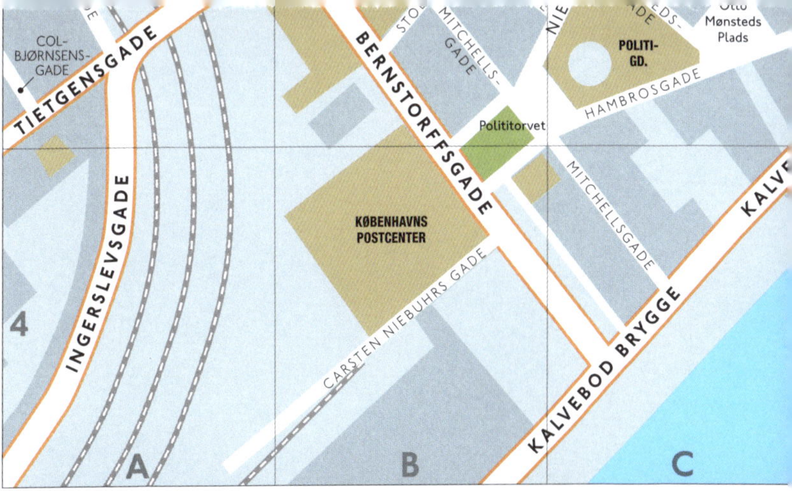

CHRISTIANSBORG SLOT

CHRISTIANSBORG SLOTSKIRKE

THORVALDSENS MUSEUM

★ **Tivoli** (**B** B2)
→ *Tel 33 15 10 01 Meados out-início nov, meados nov-início jan, abr-meados set: diariam 11h-23h (24h sex-sáb)*
Maravilhoso parque de diversões que encanta os dinamarqueses desde 1843. Nesse recanto do paraíso há galeria dos espelhos, shows, *commedia dell'arte*, pagode chinês, tulipas holandesas... tudo iluminado à noite por milhares de lampiões.

★ **Københavns Rådhus** (**B** B2)
→ *Rådhuspladsen Tel 33 66 25 86* ***Prefeitura e relógio*** *Seg-sex 9h-16h, sáb 9h30-13h* ***Torre*** *Seg-sáb 11h (12h sáb)-14h*
Construída por Nyrop (1905), a imponente prefeitura tem um quê de vienense. Do alto de sua torre (107m), um panorama de 360° sobre a cidade. Veja também: o relógio astronômico (1955) de Olsen e o imenso hall, absolutamente majestoso.

★ **Ny Carlsberg Glyptotek** (**B** C3)
→ *Dantes Plads 7 Tel 33 41 81 41 Ter-dom 11h-18h (22h qui)*
Antiguidades egípcias, gregas, romanas, mas também esculturas e pinturas dinamarquesas. Um dos maiores e mais belos museus do país, de interior primoroso e refinado, fundado pela família Jacobsen (das cervejas Carlsberg) em 1897. Lindo jardim de inverno no qual relaxar e ala de linhas elegantes construída por Henning Larsen (1996) para abrigar a arte moderna francesa (Degas, Monet, Van Gogh).

★ **Nationalmuseet** (**B** C2)
→ *Ny Vestergade 10 Tel 33 13 44 11 Ter-dom 10h-17h*
O palácio do Príncipe (Eigtved, 1744) é "o" museu da civilização dinamarquesa: coleções que vão do Paleolítico ao séc. XIX, passando pela Idade do Bronze, os vikings e os cruzados. Obras de arte universais: o carro do Sol (o astro puxado por um cavalo divino, 1400 a.C.) e o caldeirão d[e] Gundestrup (usado em ce[-]rimônias rituais, séc. I a.C[.])

★ **Tøjhusmuseet** (**B** E2)
→ *Tøjhusgade 3 Tel 33 13 44 11 Ter-dom 12h-16h*
Antiga fábrica de armas do porto, austera, em esti[lo] renascentista (1605), hoje museu do Arsenal. Veja: a sala dos canhões e uma coleção de armas dos séc[s.] XVI-XX, armas e uniformes russos, norte-americanos Exposições temporárias.

★ **Christiansborg Slot** (**B** E1)
→ ***Parlamento*** *Tel 33 37 55 00* ***Visitas guiadas*** *Dom e feriados: 12h-14h* ***Fortaleza*** *[e]* ***salões reais*** *Tel 33 92 64 92*

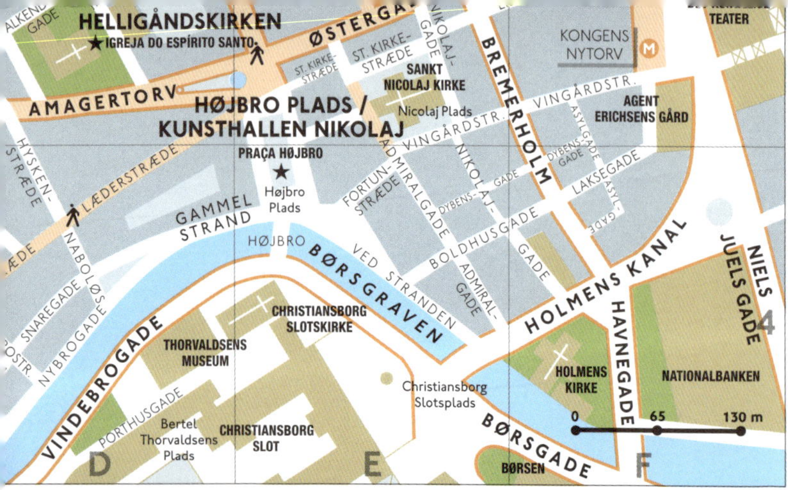

◄ Mapa B/D

EJDERMUSEET

ØRSTEDSPARKEN

rcado de Copenhague, dedores de hortifrúti na ça, açougueiros ao redor igreja, peixeiros ao longo cais, a Gammel Strand. centro, o fogoso Absa-, bispo fundador da ade, imortalizado numa átua de bronze. Visite a iga igreja de Sankt Niko-(torre de 1591), transfor-da em centro de arte ntemporânea (avant-rde experimental).

Rundetårn (**A** D2)
Købmagergade 52a
33 73 03 73
re e Observatório
mai-fim set: diariam
-20h; fim set-meados out,
ados mar-fim mai: diariam
10h-18h; meados out-meados mar: diariam 10h-18h (21h ter-qua)
Uma torre-campanário única em seu gênero, concebida por Cristiano IV em 1642 para abrigar um observatório astronômico, ainda em atividade. Sua rampa circular permitia levar os instrumentos até o topo, a 35m de altura. De lá, uma fantástica vista panorâmica. Visite: as exposições na antiga biblioteca no primeiro andar e na vizinha igreja Trinitatis, com coro exuberante (séc. XVIII).

★ **Cinemateket, Det Danske Filminstitut**
(**A** D2)
→ *Gothersgade 55*
Tel 33 74 34 00 Seg-sex 9h-16h www.dfi.dk
Esplêndido conjunto arquitetônico, reflexo da paixão dinamarquesa pela sétima arte: salas de projeção, videoteca, biblioteca, sede do Instituto Nacional, livraria e café. Para os amantes do cinema dinamarquês, de Vinterberg *(Festen)* a Lars von Trier *(Dançando no escuro)*. Programação temática.

★ **Arbejdermuseet**
(**A** B1)
→ *Rømersgade 22 Tel 33 93 25 75 Diariam 10h-16h*
Esse museu testemunha o destino da classe operária há 150 anos. Quatro exposições permanentes evocam a vida cotidiana e familiar, bem como a revolução industrial, na Dinamarca: cartazes de sindicatos, documentários sobre manifestações etc. Exposições temporárias. Veja também o café de estilo 1900.

★ **Ørstedsparken**
(**A** A2)
Delicioso jardim romântico, no qual os caminhos acompanham as curvas do lago formado pelo fosso de antigas fortificações. Passeio cheio de flores exóticas e esculturas desde 1879.

GRÅBRØDRETORV

HELLIGÅNDSKIRKEN

É HOVEDTELEGRAFEN

HAY

TORVEHALLERNE

Em cima do Post & Tele Museum, um terraço no meio dos telhados e dos campanários, para beber um vinho ou almoçar com simplicidade. Brunch estilo bufê aos domingos. Smørrebrød; salada Kr99-225.

Conditori La Glace (**A** C3)
→ *Skoubogade 3 Tel 33 14 46 46 Páscoa-set: seg-sáb 8h30 (9h sáb)-18h, out-Páscoa: diariam 8h30 (9h sáb, 10h dom)-18h*
Café com jeito de casa de bonecas do séc. XIX, templo do lagkage, bolo dinamarquês cremoso com vários andares.

Café Sommersko (**A** D3)
→ *Kronprinsensgade 6 Tel 33 14 81 89 Diariam 8h-24h (1h qui, 3h sex, 2h sáb)*
Pioneiro da "cultura café" na cidade (1976), ambiente descolado e ligeiramente "você me viu lá?". Música ao vivo na sex, DJ no fim de semana.

E também:
Place Amagertorv (**A** D3), dois cafés com grandes terraços, ponto de encontro dos dinamarqueses.

Café Europa
→ *Tel 33 14 28 89 Seg-sáb 7h45-22h (23h qui, 24h sex-sáb), dom 9h-22h*
O mais elegante, com baias de vidro. Tem jornais estrangeiros.

Norden
→ *Tel 33 11 77 91 Diariam 8h30-24h*
Bolos apetitosos.

BARES, MÚSICA

BOBI Bar (**A** D2)
→ *Klareboderne 14 Tel 33 12 55 43 Diariam 12h (14h dom)-2h*
Esse bar dos anos 1930 tem um charme antiquado, com decoração toda em vermelho. Frequentado por intelectuais, escritores e jornalistas.

Jazz House (**A** D3)
→ *Niels Hemmingsens Gade 10 Tel 33 15 47 00 Seg-dom 23h-5h Concertos diariam 20h www.jazzhouse.dk*
Desde 1991, uma instituição do jazz em Copenhague, e um dos melhores clubes em toda a Europa: programação de ponta e ambiente internacional.

Ruby (**A** D4)
→ *Nybrogade 10 Tel 33 93 12 03 Seg-sáb 16h-2h, dom 19h-1h*
Coquetéis em um espaço luxuoso sob a embaixada da Geórgia.

COMPRAS

Hay (**A** E3)
→ *Pilestræde 29-31 Tel 42 82 08 20 Seg-sáb 10h-18h (17h sáb)*
O know-how dinamarquês em matéria de design é encontrado nessa loja: móveis, luminárias, brinquedos, utensílios... Um segundo endereço, na Østergade (nº 61), é particularmente suntuoso e bem iluminado. Preços razoáveis.

Royal Copenhagen (**A** D3)
→ *Amagertorv 6 Tel 33 13 71 81 Seg-sáb 10h-19h (18h sáb), dom 11h-16h*
Com selo da realeza, objetos para casa (Ilums Bolighus), de vidro (Holmegaard), de prata (Georg Jensen) e de porcelana (Copenhagen): quatro esplêndidas lojas interligadas. Um luxo.

The Royal Smushi Café
→ *Tel 33 12 11 22 Diariam 10h-19h (18h dom)*
Para bebericar um chá sob móbiles coloridos.

A. C. Perch's (**A** D3)
→ *Kronprinsensgade 5 Tel 33 15 35 62 Seg-sex 9h-17h30 (19h sex), sáb 9h30-16h **Perchs Tea Room** Seg-sex 11h30-17h30, sáb 11h-17h*
Encontram-se dezenas de tipos de chá nessa pequena loja que pertence à mesma família desde 1835.

&pagne (**A** D4)
→ *Hyskenstræde 7 Tel 33 11 12 07 Seg-sáb 11h-18h (16h sáb)*
Ótima seleção de estilistas dinamarqueses e internacionais, como Camilla Skovgaard, Alexander Wang e Wackerhaus.

Companys (**A** B4)
→ *Frederiksberggade 24 Tel 33 11 35 55 Seg-sáb 10h-19h (20h sex, 17h sáb), dom 11h-17h*
Há diversas opções nessa grande vitrine de moda feminina. Marcas internacionais dividem espaço com criações escandinavas no primeiro andar: Designer Remix, By Malene Birger...

Torvehallerne (**A** B1)
→ *Frederiksborggade 21 Ter-sáb 10h-19h (20h sex, 18h sáb), dom 11h-17h*
Desde 2011, o soberbo mercado de paredes transparentes abriga uma infinidade de lojinhas e cafés. Peixes frescos, especialidades dinamarquesas, italianas, japonesas... Bancas de legumes na parte externa.

Hallernes Smørrebrød
→ *Tel 60 70 47 80*
No hall 1, deliciosos smørrebrød acompanhados de vinho branco. Para um piquenique próximo ao Ørstedsparken.

Luminoso e delicado, o palácio real de Amalienborg dá à Frederiksstaden ("cidade de Frederico", séc. XVII) e seus arredores um quê de nobreza. Ao longo da Bredgade e da Store Kongensgade, com ares de grande aristocracia, sucedem-se galerias de arte e fachadas elegantes. O passeio à beira d'água termina ao norte, diante da silhueta austera da Kastellet, cidadela de muros antigos. Mais longe, a leste, a liberdade – o mar e o porto reocupam seu espaço, e os barcos de cruzeiro lançam âncora sob o olhar da Pequena Sereia. A oeste, Nyboder, com suas fachadas ocre, abrigava famílias de marinheiros.

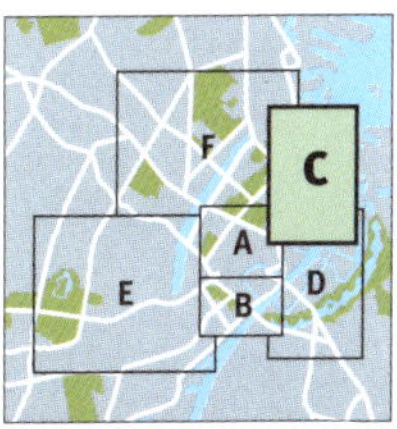

MASH

KOEFOED

RESTAURANTES

Dim Sum (**C** B6)
→ *Sankt Annæ Plads 16*
Tel 35 35 60 05
Seg-sáb 12h (17h seg)-24h
Decoração em preto e bege cru, com toques de Extremo Oriente, para uma culinária chinesa inovadora e texturas e sabores refinados. Deliciosos pratos ao vapor, sopas... Menu Kr250-350; prato Kr90-195.

Umami (**C** A5)
→ *Store Kongensgade 59*
Tel 33 38 75 00 Seg-sáb 18h-22h (23h sex-sáb)
As extravagâncias japonesas do bar de sushis (niguiri de peito de pato, minissashimi...) atraem executivos e o jet set local. Menu de sushi Kr650; prato Kr120-250.

Restaurant Vita (**C** A6)
→ *Store Kongensgade 25*
Tel 33 11 80 11 Diariam 11h30-1h (3h qua-qui, 5h sex-sáb, 23h dom)
Apenas o teto antigo lembra que nesse local ficava a farmácia real. Hoje, é um dos raros lugares onde se pode jantar tarde da noite regalando-se com um dinamarquês Gammeldags Andesteg, pato assado. Smørrebrød Kr65-119 (almoço); menu Kr198-249 (jantar); prato Kr135-209.

Mash (**C** A6)
→ *Bredgade 20*
Tel 33 13 93 00 Seg-sáb 12h-15h, 17h30-22h (23h qui, sáb)
Endereço onde degustar carne vermelha grelhada (origem: Austrália ou Nebraska), seja no bar-design do lado da rua ou no salão com ares de adega de vinho do lado do pátio. Carta de vinhos norte-americanos. Prato Kr165-675.

Koefoed (**C** A6)
→ *Landgreven 3*
Tel 56 48 22 24 Ter-sáb 12h-15h, 17h30-21h30
Pequena viagem gastronômica à ilha dinamarquesa de Bornholm: todos os produtos (inclusive o vinho) vêm de lá. Saborosa culinária tradicional para ser degustada no mezanino abobadado com paredes brancas. Menu Kr300-380 (almoço), Kr600 (jantar); smørrebrød Kr95-145; prato Kr220-280.

Le Sommelier (**C** B5)
→ *Bredgade 63-65 Tel 33 11 45 15 Seg-sex 12h-14h, diariam 18h-22h (23h sex-sáb)*
Francis Cardenau, da cidade francesa de Toulouse, e seu sócio dinamarquês, Jesper Boelskifte, pilotam

ALEXANDER NEVSKIJ KIRKE

MARMORKIRKEN

AMALIENBORG

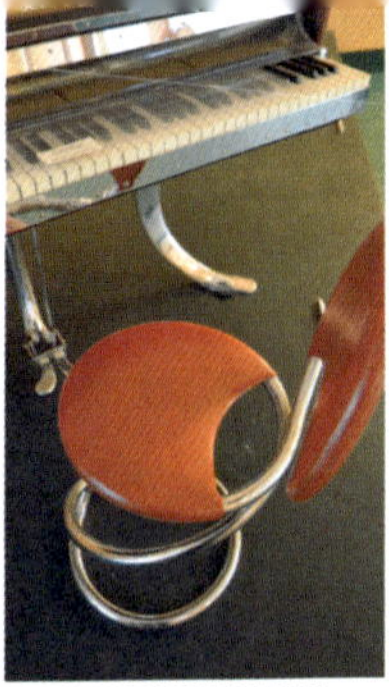

DESIGNMUSEUM DANMARK

LARSENS PLADS

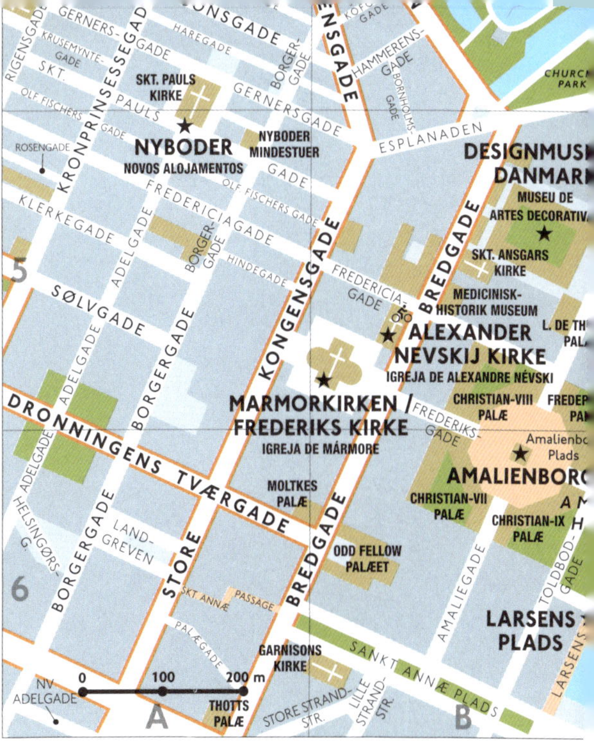

◀ Mapa A/D

★ **Amalienborg** (**C** B6)
→ *Christian VIII Palæ*
Tel 33 12 21 86
Mai-out: diariam 10h-16h; nov-abr: ter-dom 11h-16h
Obra de arte de Nicolai Eigtved, quatro palácios rococós (1750-60) localizados frente a frente numa das praças mais bonitas e majestosas da Europa, local da troca cotidiana da guarda (12h). A *dannebrog*, amada bandeira dos dinamarqueses, tremula no alto do Schack (sudeste) quando a rainha Margarida está hospedada ali. O palácio de Cristiano VIII abriga a coleção real dos Oldenbourg (1863-1972).

★ **Marmorkirken / Frederiks Kirke** (**C** B5)
→ *Frederiksgade 4*
Tel 33 15 01 44
Seg-qui, sáb 10h-17h (18h30 qua); sex, dom 12h-17h
Cúpula *Sáb-dom 13h, 15h (diariam verão)*
A "igreja de mármore" só tem mármore em parte de suas paredes. Muito cara, a construção encomendada por Frederico V foi interrompida e só terminou em 1894. Do topo da fabulosa cúpula, inspirada na de São Pedro, em Roma, avistam-se a cidade e o mar.

★ **Alexander Nevskij Kirke** (**C** B5)
→ *Bredgade 53 Tel 33 13 60 46 Visita com hora marcada*
A única igreja ortodoxa russa do país, no estilo moscovita do séc. XVII, presente de Alexandre III a sua esposa, filha de Cristiano IX. Seus domos dourados cintilam ao sol e contrastam com a penumbra da nave, que esconde uma fabulosa iconóstase e um ícone da *Virgem carpideira*.

★ **Designmuseum Danmark** (**C** B5)
→ *Bredgade 68*
Tel 33 18 56 56
Ter-dom 11h-17h (21h qua)
Museu das artes decorativas, alojado no antigo hospital de Frederico V, em puro estilo rococó (Eigtved, 1757). No delicioso jardim onde vale a pena passar um tempo durante o verão há coleções orientais, europeias e dinamarquesas (design), da Idade Média aos nossos dias.

★ **Larsens Plads** (**C** B6)
Uma das mais belas margens de Copenhague. De 1879 a 1935, foi o porto do qual os imigrantes partiam para a América. Hoje serve de calçadão, com seus belos armazéns de tijolos antigos. Proporciona vistas deslumbrantes da Opera House, do outro lado da enseada.

BØRSEN

DEN SORTE DIAMANT

set: diariam 10h-17h *ha seg out-abr)* ***Passeios*** *dom 11h-21h* tro único do poder polí- há mais de 800 anos, a exceção na Europa. Re- ência real até o incêndio 795, a sexta reconstru- neobarroca do castelo 28) abriga a Folketinget nara parlamentar), os itórios do primeiro-mi- ro e os apartamentos s reservados para gran- recepções. As funda- s da primeira fortaleza 57) são impressionantes, s vistas do topo da torre *net)*, deslumbrantes.

hristiansborg tskirke (**B** E1)

→ *Tel 33 92 64 92* *Ago-jun: dom 10h-17h; jul: diariam 10h-17h* Capela real neoclássica de interior magnífico: o luxo dos veludos vermelhos e dourados e dos estuques contrasta com as paredes claras, sem ornamentos. A igreja foi totalmente restaurada depois de um incêndio (1992).

★ Thorvaldsens Museum (**B** D1)

→ *Bertel Thorvaldsens Plads 2 Tel 33 32 15 32* *Ter-dom 10h-17h* O edifício, inspirado pela arquitetura greco-romana, exalta a obra do grande escultor danês Thorvaldsen (1770-1844), que viveu 40 anos em Roma. Do lado de fora, destaca-se um friso que ocupa três fachadas e mostra o retorno do artista para seu país, em 1830. No interior, as cores vibrantes (ocre, vermelho, azul etc.) das salas enfileiradas e os mosaicos e as figuras grotescas realçam os mármores brancos produzidos pelo artista.

★ Børsen (**B** F1)

Uma estupenda torre em espiral, formada pelas caudas entrelaçadas de quatro dragões, coroa o prédio da Bolsa de Valores, encomendado e concebido em parte por Cristiano IV em 1642 no estilo do Renascimento holandês. Uma das construções mais extraordinárias da cidade.

★ Den Sorte Diamant (**B** E2)

→ *Søren Kierkegaards Plads 1 Tel 33 47 47 47 Seg-sex 8h-22h (19h jul-ago)* ***Exposições*** *Seg-sáb 10h-19h (17h sáb)* ***Café Øieblikket*** *Seg-sex 8h-19h, sáb 9h-18h* ***Restaurante Søren K*** *Seg-sáb 12h-22h* Extensão da Biblioteca Real finalizada em 1999, o "Diamante negro" de Schmidt, Amin e Lancem é feito de vidro e granito. Situado junto ao mar, oferece uma tranquilidade propícia aos estudos.

TIONALMUSEET

TØJHUSMUSEET

E KYS

HAVNEBADET ISLANDS BRYGGE

RANDERS HANDSKER

frutas e legumes frescos, vindos da horta dos chefs: ruibarbo, batata e fígado de galinha; língua de cervo, batata e beterraba... Menu Kr325-1.000.

CAFÉS

Ved Stranden 10 (**B** E1)
→ *Ved Stranden 10 Tel 35 42 40 40 Seg-sáb 12h-22h*
Bar muito bom com diversos tipos de vinho vendidos por taça. Terraço à beira-mar com vista para Christiansborg e, lá dentro, ambiente de bistrô contemporâneo.

Kafe Kys (**B** D1)
→ *Læderstræde 7 Tel 33 93 85 94 Seg-sáb 9h15-24h (2h sex-sáb), dom 10h15-23h*
As bicicletas estacionadas na frente dão uma pista sobre o local: jovem, central, simpático e sempre lotado.

Oscar Bar Café (**B** B1)
→ *Rådhuspladsen 77 Tel 33 12 09 99 Diariam 11h-23h (2h sex-sáb)*
O café-bar gay mais descolado da cidade. Os jovens frequentadores desfilam ali a partir das 18h. Música lounge e DJ sex-sáb até as 2h. Brunch Kr98-110; prato Kr55-129.

Brewpub (**B** B1)
→ *Vestergade 29 Tel 33 32 00 60 Seg-sáb 12h-24h (2h sex-sáb)*
Onze cervejas dinamarquesas e internacionais, algumas produzidas no local. No verão, o pátio é o lugar ideal para relaxar sob os guarda-sóis brancos. Menu Kr288-378 (jantar); prato Kr69-284 (almoço).

Café Aristo (**B** E4)
→ *Islands Brygge 4 Tel 32 95 83 30 Seg-sáb 11h (11h30 sáb)-22h*
As mesas desse café, localizado na área de Islands Brygge, no porto da cidade, dividem espaço com os banhistas e suas toalhas e espreguiçadeiras. A vista da outra margem lembra Manhattan. Menu Kr350 (jantar); prato Kr159-295.

BARES, MÚSICA

Club Mambo (**B** C2)
→ *Vester Voldgade 85 Tel 33 11 97 66 Ter 20h-24h (entrada Kr30), qui 20h-1h (entrada Kr30), sex-sáb 22h-5h (entrada Kr80)*
O ambiente é quente nessa casa noturna de música latina onde se pode suar dançando salsa e merengue depois de um curso rápido para desinibir os iniciantes.

La Fontaine (**B** C1)
→ *Kompagnistræde 11 Tel 33 11 60 98 Diariam 19h-5h*
Um clube de jazz com paredes vermelhas cobertas de fotos antigas. Música ao vivo sex-sáb a partir das 22h30, jam sessions dom a partir das 21h. Entrada Kr70.

Mojo Blues Bar (**B** C1)
→ *Løngangstræde 21C Tel 33 11 64 53 Diariam 20h-5h*
Clube mítico em Copenhague. *Bluesmen* toda noite. A partir de Kr70.

PISCINA

Havnebadet Islands Brygge (**B** D4)
→ *Islands Brygge 7 Jun-ago: diariam 7h (11h sáb-dom)-19h*
Assinada pela agência Plot, essa piscina está situada sobre as águas do porto. Tem um esplêndido deque de madeira e um trampolim em forma de proa, e a limpeza da água é garantida. A favorita dos moradores da cidade. Preço módico: Kr33.

COMPRAS

Randers Handsker (**B** B1)
→ *Frederiksberggade 36 Tel 33 13 04 33 Seg-sáb 10h-17h30 (18h sex, 15h sáb)*
As melhores luvas, produzidas desde 1811 pela fábrica real. Lãs, couros, peles... Diversos modelos e cores.

Strædet (**B** C1-D1)
→ *Kompagnistræde, Læderstræde*
Indicada para compras alternativas, essa região é mais discreta que Strøget. Na Læderstræde, vá à Grønlykke (decoração do mundo todo, nos 3-5) e à Pullover Factory (blusas de todas as cores, nº 14). Na Kompagnistræde, a dica é a Dansk Håndværk (cerâmicas, nº 20).

Complete Me (**B** D1)
→ *Kompagnistræde 21 Tel 33 12 34 50 Seg-sex 11h-18h, sáb 10h-14h*
Maquiagem e cremes dinamarqueses (Tromborg), massagem nórdica ou nos pés. Perfeito para depois das compras.

Gammel Strand Øl og Vinlager (**B** D1)
→ *Naboløs 6 Tel 33 93 93 44 Seg-sex 10h-17h30 (18h sex), sáb 11h-17h*
Cervejaria de 1850, de piso antigo. Rótulos locais e importados.

Retrograd (fora do mapa **B** D4)
→ *Gunløgsgade 7 Tel 22 41 46 57/26 14 35 37 Ter-sáb 12h-19h (17h sáb)*
Atrás das vitrines abaixo do nível da calçada, essa loja de objetos antigos é cheia de tesouros do design, como tigelas e xícaras de porcelana coloridas.

CAFÉ OSCAR

OSTEHJØRNET

CYKELMAGEREN

essa brasserie chique que casa suas paixões: enologia e gastronomia. No menu, destacam-se raviólis de lagostim, cogumelos e endro, bem como leitão ao molho diable, risoto e alcachofra provençal. Um sucesso. Menu Kr295 (almoço), Kr435 (jantar); prato Kr225-290.

CAFÉS

Kafferiet (**C** C4)
→ *Esplanaden 44*
Tel 33 93 93 04 Diariam 7h30 (10h sáb-dom)-18h
Minúsculo café que se tornou ponto de partida do passeio à Kastellet: cappuccino, macchiato, ristretto, moka... para levar para viagem.

Café Oscar (**C** B5)
→ *Bredgade 58*
Tel 33 12 50 10
Diariam 10h-23h
Local ideal para uma pequena pausa para descanso entre Amalienborg e Kastellet, esse clássico bistrô tem um impressionante balcão de couro matelassê. Brunch todos os dias entre 12h e 14h. Smørrebrød Kr75; menu Kr198-249.

Mormors (**C** B6)
→ *Bredgade 45 Tel 33 16 07 00 Seg-sex 8h30-17h (16h seg), sáb-dom 11h30-17h*
Salão de chá com decoração kitsch que lembra as mercearias dos tempos da vovó: balcão e estantes de madeira, bolos cobertos por cúpulas de vidro... Boa seleção de chás e doces.

Café Blå Time (**C** A6)
→ *Store Kongensgade 36*
Tel 33 15 35 72 Seg-sex 8h-20h (24h sex), sáb-dom 10h-19h (18h dom)
Com uma decoração que faz lembrar a Paris antiga, esse estabelecimento acolhe jornalistas, atores e intelectuais que se encontram para ler jornal ou simplesmente bater papo. O cappuccino e a torta de limão são imperdíveis.

Klint Designmuseets Café (**C** B5)
→ *Bredgade 68*
Tel 33 18 56 86 Ter-dom 11h-16h30 (20h30 qua)
Café do museu de artes decorativas, espaçoso e adornado com móveis de Hans J. Wegner e Poul Kjærholm. Para um café ou almoço leve. No verão, fique no belo terraço do jardim.

BAR, CASA NOTURNA

Borgerkroen (**C** A5)
→ *Borgergade 132*
Tel 33 13 96 63 Diariam 10h-24h (2h ter-qua, 4h qui, 5h sex-sáb)
"O albergue do cidadão" é um bistrô tipicamente dinamarquês, ponto de encontro da juventude local antes de continuar a noitada no centro. Os preços são muito razoáveis.

Culture Box (**C** A5)
→ *Kronprinsessegade 54*
Tel 33 32 50 50
Sex-sáb 21h-último cliente
"A" danceteria alternativa da cidade: noitadas intimistas de dance experimental mas também DJs de renome internacional (Miss Kittin, Carl Craig...). Acolhe até 600 pessoas.

COMPRAS

Bitte Kai Rand (**C** B6)
→ *Lille Strandstræde 22*
Tel 33 11 99 30 Seg-sáb 10h-18h (19h sex, 16h sáb)
Moda clássica, chique e confortável para todas as mulheres, magras ou não. Linho, seda, tecidos especiais em cores sutis e delicadas...

Susanne Juul (**C** A6)
→ *Store Kongensgade 14*
Tel 33 32 25 22
Ter-sex 11h-17h30 (18h sex), sáb 10h-16h
Chapéus a perder de vista. Redondos, pontudos, de crochê, lã, pele... A charmosa modista, que criava figurinos para o Teatro Real, faz chapéus sob medida.

Ostehjørnet (**C** A6)
→ *Store Kongensgade 56*
Tel 33 15 50 11 Seg-sáb 10h-18h (15h sáb)
Gente da cidade toda vem até esse estabelecimento para comprar queijos das diversas regiões produtoras dinamarquesas. Prateleiras coloridas e acolhida excelente. Degustação recomendadíssima.

Cykelmageren (**C** A5)
→ *Store Kongensgade 57B Tel 33 11 12 11 Seg-sex 10h-18h, sáb 11h-15h*
"A bicicleta feita à mão": os dinamarqueses elogiam sua durabilidade, e eles andam de bicicleta o tempo todo... ou quase! A loja recebe encomendas de Nova York e até do Japão.

Klassik (**C** B6)
→ *Bredgade 3*
Tel 33 33 90 60 Seg-sex 11h-18h, sáb 10h-15h
Móveis modernos e elegantes datados da era de ouro do design dinamarquês: Hans Wegner, Arne Jacobsen, Kaare Klint, Bodil Kjær e muitos outros.

DEN KONGELIGE AFSTØBNINGSSAMLING

NYBODER

KASTELLET

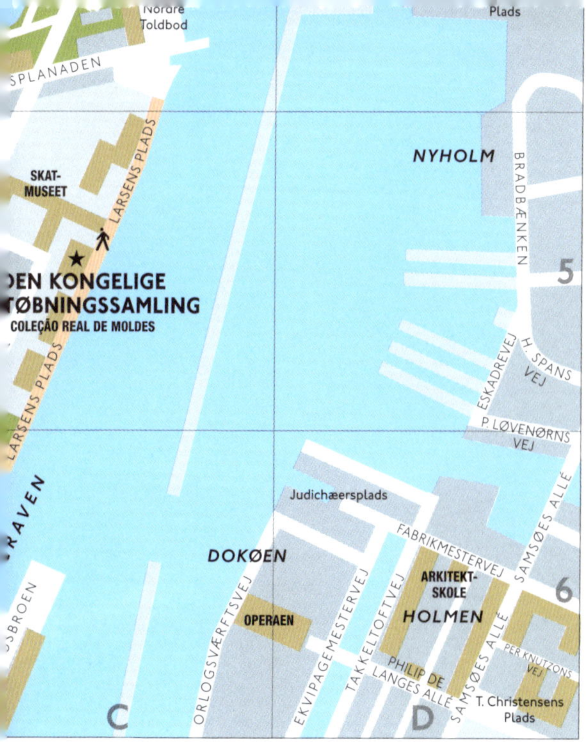

DEN LILLE HAVFRUE

LANGELINIEKAJ

◀ Mapa D

**en Kongelige
tøbningssamling**
5)
oldbodgade 40
3 74 84 84
oh-16h, dom 14h-17h
cais, atrás dos largos
os do armazém da
npanhia das Índias
entais (1781), a coleção
de moldes abriga
s de 2 mil gessos:
átides, cupidos, cava-
os, gárgulas ou bispos.
veis por toda a eter-
ade com o mar ao
lo, os rostos e corpos
vidam o visitante a
viagem fantástica
vés do tempo e pelos
inentes.

★ **Nyboder** (**C** A5)
Adorável conjunto de casas de paredes ocre, erigido em 1631 por Cristiano IV para alojar os oficiais da Marinha real. Hoje, os "Novos Alojamentos" estão entre os mais caros imóveis da capital, com suas ruas pavimentadas e o charme do passado. Um "museu-testemunha" conta como era a vida naquela época.

★ **Kastellet** (**C** B3)
→ *Langelinie Tel 33 11 22 33*
Diariam 6h-22h
***Kastelskirken** Tel 33 15 65 58*
Diariam 9h (12h qua)-18h
Cercada de fossos, a cidadela em forma de estrela de cinco pontas é a principal fortificação da cidade. Erguida segundo as teorias de Vauban (séc. XVII), é a mais antiga base militar europeia em atividade. Apenas a silhueta dos sentinelas, os praticantes de jogging e os turistas que circulam pelo caminho da ronda quebram a austeridade do lugar. Visite a igreja barroca que ficava ao lado da prisão.

★ **Den Lille Havfrue**
(**C** C3)
A Pequena Sereia, filha do rei do mar, trocou sua linda voz por um corpo de mulher para conquistar o príncipe que amava. Muda, assistiu ao casamento de seu bem-amado com outra e morreu. A frágil e delicada efígie do país (1913), nascida da pluma de Andersen e cortejada por uma multidão de visitantes, estará sempre ali, com o olhar perdido no horizonte.

★ **Langeliniekaj** (**C** C2)
Varrido pelos ventos, esse cais se estende a perder de vista, saudado pelos aerogeradores e as sirenes dos navios. Margeado por velhos armazéns convertidos em lofts luxuosos, leva ao pequeno farol vermelho que sinaliza a entrada do porto da cidade.

SKUESPILHUSET

CHRISTIANSHAVNS KANAL

★ **Kongens Nytorv** (**D** A2)
Projetada em 1680 no reinado de Cristiano v, cuja estátua observa tudo do ponto central, a "Nova Praça do Rei" é o centro nevrálgico da cidade, alinhada a elegantes edifícios: Teatro Real, Hôtel d'Angleterre, Magasin du Nord e Palácio Thott, onde fica a embaixada francesa.

Det Kongelige Teater (**D** A2)
→ *Tel 33 69 69 69* ***Visitas guiadas*** *Dom 11h*
Teatro Real de estilo renascentista italiano, construído em 1874.

★ **Charlottenborg** (**D** A2)
→ *Kongens Nytorv Tel 33 74 46 39 Ter-dom 11h-17h (20h qua) www.kunsthalcharlottenborg.dk*
O palácio (1672) da rainha-mãe Carlota Amélia tornou-se, depois de sua morte, a Academia Real de Belas-Artes. No final do pátio, a construção de tijolos vermelhos abriga as mais importantes exposições de arte contemporânea da cidade. Agradável café no pátio com calçamento de pedra.

★ **Nyhavn** (**D** B2)
O "Porto Novo", canal aberto em 1669 por arquitetos holandeses para facilitar o transporte de mercadorias. Antigamente, nos cais, casas de jogos e de prostituição eram vizinhas dos locais de trabalho dos negociantes. Agora, com suas cores vivas, são charmosas... e as mais caras da cidade.

★ **Skuespilhuset** (**D** B2)
→ *Sankt Annæ Plads 36 Tel 33 69 69 69 Diariam 10h-21h* ***Bilheteria por tel*** *Seg-sex 10h-16h (18h qui)* ***Visitas guiadas*** *Qua, sáb-dom em horários variados*
Palco do teatro erguido em 2008, que forma com o Det Kongelige (balé) e a Operaen (ópera) tudo o que o Teatro Real tem a oferecer. Edifício assinado pelo escritório dinamarquês Lundgaard & Tranberg, em três atos: uma torre "cubo" enfeitada com cobre domin
um comprido foyer de vic
com vista para o porto, tu
prolongado por uma pas
rela de madeira sobre pil
tis. Café e restaurante.

★ **Christians Kirke** (**D**
→ *Strandgade 1 Tel 61 55 76 57 Ter-sex 10h-16h*
Santuário ou teatro? É a p
gunta quando se entra ne
sa igreja rococó, edificada
por Eigtved em 1759. Ao l
go das paredes da impre
sionante nave, sucedem-
capelas de inspiração ita-
liana; e sobre o altar, em
forma de palco, há uma c
tedra e um órgão contígu

★ **Christianshavns Kanal** (**D** B4)

KONGENS NYTORV

CHARLOTTENBORG

NYHAVN

▲ Mapa A

Kongens Nytorv, a praça real enfeitada por nobres palácios, se abre para Nyhavn, o "Porto Novo". Aí, atrás das fachadas multicoloridas, degusta-se cerveja, aguardente e arenque, enquanto turistas e marinheiros amadores passeiam pelos cais onde há velhos barcos atracados. Soprando de um porto a outro, atravessando o braço de mar, o vento varre as calçadas de Christianshavn e agita os cabos dos guindastes. Essa ilhota de terra ainda defendida por baluartes tem o charme tranquilo dos portos holandeses. Depois de Christiania, a Cidade Livre, chega-se a Holmen, antiga sede da Marinha real, e à audaciosa silhueta da nova Ópera.

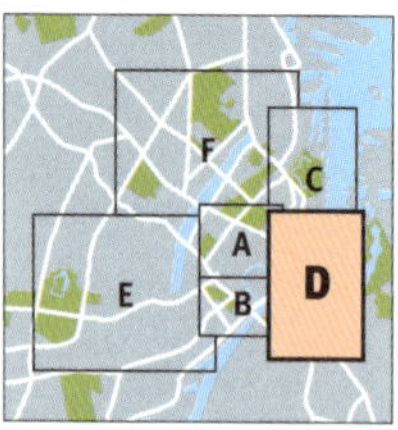

RESTAURANT KANALEN

NOMA

RESTAURANTES

Geist (**D** A2)
→ *Kongens Nytorv 8*
Tel 33 13 37 13
Diariam 18h-21h
Cozinha criativa servida em um ambiente de decoração sóbria pelo aclamado chef Bo Bech. Ravióli de linguado com erva-doce e queijo gruyère e canapés de abacate com caviar são algumas das pequenas porções oferecidas: experimente diversas delas compondo uma refeição completa. Prato Kr65-195.

Restaurant Kanalen (**D** B3)
→ *Wilders Plads 2*
Tel 32 95 13 30 Seg-sáb 11h30-15h, 17h30-22h
Através das janelas dessa velha casa é possível ver os nomes dos barcos que passam no canal. Martin Spleen escolhe seus clientes: lagosta lavagante, salsicha de cogumelos... Menu Kr400-800; prato Kr115-195.

Cap Horn (**D** B2)
→ *Nyhavn 21*
Tel 33 12 85 04 Diariam 10h (9h sáb-dom)-24h
Paixão à primeira vista em Nyhavn. Tudo encanta – da decoração naval ao sorriso das garçonetes. Sem esquecer a saborosa culinária biológica: sopa de abóbora, pato selvagem ou gratinado vegetariano. Prato Kr120-200.

Spiseloppen (**D** C4)
→ *Bådsmandsstraede 43*
Tel 32 57 95 58
Ter-dom 17h-22h (21h dom)
No coração de Christiania, mesas compridas em um ambiente com jeito de quartel militar. Funcionários voluntários e cardápio-surpresa de acordo com a inspiração de cozinheiros do mundo todo. Prato Kr120-250.

Spisehuset 56°
(fora do mapa **D** D1)
→ *Krudtløbsvej 8 Tel 31 16 32 05 Ter-sáb 11h30-15h30, 17h30-23h (24h sex-sáb)*
Esse antigo armazém militar de pedra é um convite ao *hygge*: interior ao mesmo tempo rústico e acolhedor, meia-luz... A culinária, nórdica, faz maravilhas com peixes. Longe dos pontos turísticos, mas imperdível. Menu Kr200-345; prato Kr150-195.

Bastionen og Løven
(**D** C4)
→ *Christianshavns Voldgade 50 Tel 31 34 09 40 Abr-set: seg-sex 11h30-21h30, sáb-dom 10h-21h30 (17h30 dom); out-mar: qui-sex 11h-21h30, sáb-dom 10h-21h30 (17h30 dom)*
O moinho das muralhas perdeu suas pás, mas a

'N VANDE

PANG

TAGE ANDERSEN

adorável casa do administrador tornou-se um endereço gastronômico muito elogiado. A decoração rústico-chique combina com a refinada *nouvelle cuisine* dinamarquesa. Brunch sáb-dom Kr165; menu Kr350; prato Kr165-205.

noma (**D** C3)
→ *Strandgade 93 Tel 32 96 32 97 Ter-sáb 12h-16h, 19h-0h30*
René Redzepi só trabalha com produtos locais (Dinamarca, Islândia, ilhas Faroé) e revoluciona a gastronomia nórdica. O cardápio oferece pratos com sutis combinações de frutas silvestres, flores, mariscos etc. Classificado de 2010 a 2014 como o melhor restaurante do mundo pela *Restaurant Magazine*. Menu Kr1.700.

CAFÉS

Oven Vande (**D** B4)
→ *Overgaden Oven Vandet 44 Tel 32 95 96 02 Diariam 10h-24h*
À beira do canal, um terraço bom para descansar até os últimos raios de sol. Cozinha com produtos do dia. Culinária simples. Prato Kr75-199.

Café Wilder (**D** B4)
→ *Wildersgade 56 Tel 32 54 71 83 Seg-sex 9h-23h (24h sex), sáb-dom 10h-24h (22h dom)*
Verdadeiro café dinamarquês. Fora, bicicletas e charretes; dentro, conversa tranquila. Longe da agitação, serve de café da manhã a jantar, com sabor francês. Brunch sáb-dom Kr125; prato Kr79-209.

Luna's Diner (**D** B4)
→ *Sankt Annæ Gade 5 Tel 32 54 20 00 Diariam 9h30-24h (1h sex-sáb, 23h dom)*
Nas ruas de Christianshavn, café acolhedor com jeito de lanchonete americana: cafés da manhã, brunches, smoothies, hambúrgueres, wraps. Brunch sáb-dom Kr189; prato Kr79-299.

BARES, CASAS NOTURNAS

DR Koncerthuset
(fora do mapa **D** B6)
→ *Ørestads Boulevard 13 Tel 35 20 62 62 www.dr.dk*
Concertos da elegante emissora de rádio.

Eiffel Bar (**D** B4)
→ *Wildersgade 58 Tel 32 57 70 92 Diariam 9h-3h*
Há mais de 150 anos os marinheiros se encontram nesse local: a antiga juke-box toca músicas do passado enquanto as colunas do balcão trespassam a espessa nuvem de fumaça.

Loppen (**D** C4)
→ *Christiania Tel 32 57 84 22 Shows às 20h30*
"A pulga", nome inspirado na feira instalada pelos hippies num antigo prédio militar. Música de todas as latitudes: shows de jazz, hard rock, reggae.... Também é uma discoteca.

Natcaféen, The Duke & Bonaparte (**D** A2)
→ *Gothersgade 13-15 Tel 33 32 31 85 Sex-sáb 22h-5h (6h sáb)*
Três danceterias em três andares: no térreo, sucessos dinamarqueses atuais (Natcaféen); no primeiro andar, músicas dos anos 1980 e 1990 (Duke); e no segundo, música para relaxar (Bonaparte).

COMPRAS

Per Bo (**D** B4)
→ *Skt. Annæ Gade 33 Tel 23 41 92 11 Ter-sáb 11h-17h30 (15h sáb)*
Cerâmicas de formatos e cores surpreendentes: copos, tigelas redondas e quadradas, tábuas para sushi... O ateliê de modelagem, cozimento e esmaltação fica atrás da loja.

Pang (**D** B4)
→ *Skt. Annæ Gade 31 Tel 32 96 68 00 Seg-sáb 10h30-18h (15h sáb)*
Endereço bacana, que une o kitsch ao design. Almofadas, bolsas, lenços, luminárias, utensílios... Tudo colorido.

Clausens Kunsthandel (**D** B2)
→ *Toldbodgade 9 Tel 33 15 41 54 Ter-sáb 11h-17h*
Magnífica casa de marinheiros do séc. XVII que empresta suas paredes a uma galeria de arte. Litogravuras, óleos... contemporâneos e exclusivamente dinamarqueses.

Hilbert København (**D** B4)
→ *Sankt Annæ Gade 24 Tel 53 63 22 52 Seg-sex 11h-17h30*
Morten Hilbert, estilista e ourives, cria joias de estilo a um só tempo clássico e peculiar. O ambiente remete aos bastidores de um teatro.

Magasin du Nord (**D** A2)
→ *Kongens Nytorv 13 Tel 33 11 44 33 Diariam 10h-20h*
Essas elegantes galerias, de 1871, contam com mercearia fina no subsolo (arenques, queijos etc.).

Tage Andersen (**D** A2)
→ *Ny Adelgade 12 Tel 33 93 09 13 Seg-sáb 10h-18h (15h sáb) Fecha seg no verão*
Loja-galeria do célebre artista danês. Composições florais e gaiolas que parecem de contos de fadas.

ORLOGSMUSEET

VOR FRELSERS KIRKE

CHRISTIANIA

HOLMEN

OPERAEN

ensa atividade comercial
ıava ao longo desse be-
anal em estilo holan-
s. Casas e armazéns do
. XVII foram poupados
s incêndios.

nsk Arkitektur
nter (**D** B3)
Strandgade 27B Tel 32 57 19
Diariam 10h-17h (21h ter)
ıtro dinamarquês de ar-
tetura com belas exposi-
es. Vista para o canal a
tir do DACafé.

rdatlantens Brygge
C3)
Strandgade 91 Tel 32 83
o Diariam 10h (12h
-dom)-17h
posições sobre a cultura
s ilhas do Atlântico Norte
e da Groenlândia, província dinamarquesa autônoma.

★ **Orlogsmuseet** (**D** C4)
→ *Overgaden Oven Vandet 58 Tel 33 11 60 37 Ter-dom 12h-16h*
Trezentas maquetes de navios de guerra ficam entre os largos muros do antigo Hospital da Marinha, convertido em museu de nome holandês, *orlog* ("guerra naval").

★ **Vor Frelsers Kirke** (**D** B4)
→ *Sankt Annæ Gade 29 Tel 32 54 68 83 Diariam 11h-15h30* ***Campanário*** *Diariam 10h (10h30 dom)-16h (19h mai-set)*
A Igreja de Nosso Salvador e seu famoso sino (1752), símbolo e ponto de referência da cidade. A espiral da escada externa tem 400 degraus, mas a subida vale a pena pela vista, a 95m.

★ **Christiania** (**D** C4)
Em 1971, hippies ocuparam um antigo terreno militar a fim de criar uma "cidade livre": Christiania. Em meio às controvérsias causadas pela venda livre de haxixe, a vida ali continua a ser diferente. Passando a Pusher Stræde ("rua dos traficantes"), o visitante cai em um ambiente alternativo de jardins caóticos, trilhas perdidas e arquitetura delirante.

★ **Holmen** (**D** D2)
Esse foi o porto da Marinha real por 300 anos. De uma ilhota a outra, armazéns convertidos em escolas de teatro, arquitetura, agências de publicidade e residências ultracontemporâneas.

★ **Operaen** (**D** C2)
→ *Ekvipagemestervej 10 Tel 33 69 69 69* ***Dias de apresentação*** *10h-16h* ***Visitas guiadas*** *Sex, sáb-dom em horários variados www.kglteater.dk*
Presente do armador Mærsk Møller, uma Ópera (2005) de linhas curvas e geométricas. Obra de Henning Larsen toda de ferro, lâminas douradas e mármore, oferece vista fantástica da cidade e do porto.

KØDBYEN

ISTEDGADE

CARLSBERG BRYGGERIERNE

★ **Hovedbanegården** (**E** F3)
A estação central (1905-11) recebe o viajante anunciando os tons da cidade: tijolos vermelhos e telhados verdes. Belas vigas aparentes de madeira enfeitam os saguões de chegada e partida, sempre fervilhantes de gente.

★ **Radisson Blu Royal Hotel** (**E** F2)
→ *Hammerichsgade 1*
Tel 33 42 60 00
Exemplo espetacular da moderna arquitetura dinamarquesa, obra do grande Arne Jacobsen (1960). No interior, linhas puras, sobriedade de formas e a busca do "design total" tão caro à arquitetura: maçanetas, talheres e célebres cadeiras Egg e Swann. Veja a suíte 606, fiel ao design original.

★ **Tycho Brahe Planetarium** (**E** E2)
→ *Gammel Kongevej 10*
Tel 33 12 12 24
Qua-qui, dom-seg 9h30 (12h seg, 10h30 dom)-19h40; ter, sex-sáb 10h30-19h40 (20h50 sex-sáb)
Curioso edifício circular batizado com o nome do famoso astrônomo dinamarquês que descobriu uma nova estrela na constelação de Cassiopeia em 1572. Exposição dedicada à exploração espacial e à astronomia. Projeção de filmes Omnimax numa cúpula de 1.000m².

★ **Øksnehallen** (**E** F3)
→ *Halmtorvet 11 Tel 33 29 80 60 Horários variáveis, de acordo com a exposição www.dgi-byen.dk*
Antigo mercado de gado (1901), coberto, de tijolos amarelos. Verdadeira testemunha do know-how dinamarquês em matéria de reciclagem arquitetônica. Seus 5.000m², iluminados por numerosos poços de luz, abrigam hoje exposições temporárias dedicadas à arte e à cultura. Ali também acontecem concertos.

★ **Københavns Museum** (**E** E3)
→ *Vesterbrogade 59*
Tel 33 21 07 72
Diariam 10h-17h
O Museu da Cidade traça a história de København, pequeno "porto de merca dores" que se tornou capital do país: maquetes, bandeiras, quadros e foto grafias. Seção dedicada ao filósofo Kierkegaard. Ao sair, dá-se na Absalons gade, rua adjacente ao mu seu, que permanece igual ao que era no séc. XIX.

★ **Kødbyen** (**E** E3)
→ *Halmtorvet 21*
A exemplo do que ocorreu no Meatpacking District d

HOVEDBANEGÅRDEN

RADISSON BLU ROYAL HOTEL

TYCHO BRAHE PLANETARIUM

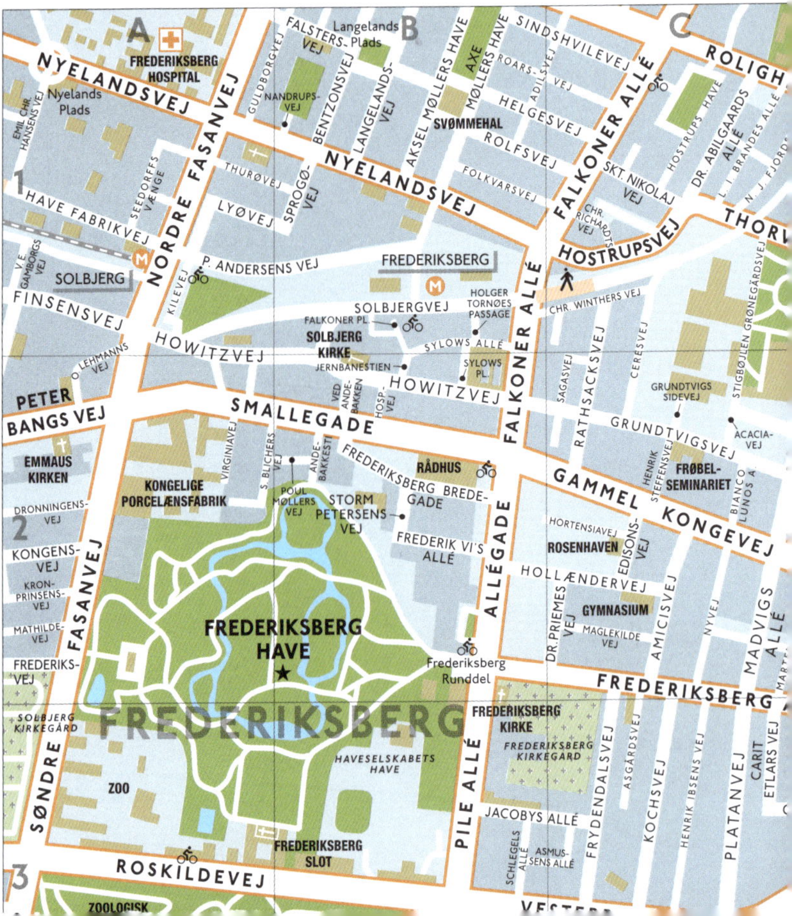

E Vesterbro / Frederiksberg

No séc. XIX, açougueiros e comerciantes estabeleceram-se a oeste das muralhas da cidade, criando Vesterbro. Desse passado industrial o bairro conserva uma urbanização densa e uma surpreendente mistura de habitantes. As famílias de operários e artesãos foram sucedidas por artistas e jovens executivos dinâmicos, ao passo que os restaurantes étnicos e os cafés descolados fixaram residência em Kødbyen (a "cidade da carne"), no meio de armazéns frigoríficos. Perto dessa animação toda, em Frederiksberg, bairro vizinho de ares burgueses, as avenidas espaçosas abrigam casas de fachadas magníficas e jardins bem-cuidados.

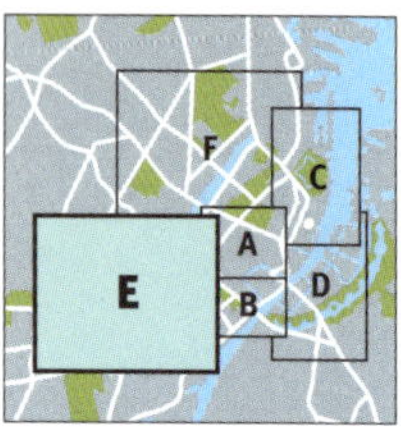

BIOMIO

FREDERIKS HAVE

RESTAURANTES

Sticks'n Sushi (**E** E3)
→ *Istedgade 62*
Tel 33 23 73 04 Diariam 11h-22h (23h sex-sáb)
Sushis, makis, sashimis e carnes grelhadas superbem apresentadas são servidas sobre quatro grandes mesas japonesas presas ao chão. Fundo musical eletrônico. Menu Kr89-408; prato Kr69-299.

Spicylicious/ Workbaren (**E** F3)
→ *Halmtorvet 10 Tel 33 31 13 11 Seg-sáb 17h-23h (24h sex-sáb)*
Esse restaurante vietnamita-tailandês, decorado com madeira de tons quentes e ardósia, atrai fotógrafos e jornalistas de Vesterbro. Menu Kr225-275; prato Kr125-155.

Biomio (**E** E3)
→ *Halmtorvet 19*
Tel 33 31 20 00 Diariam 12h-24h (23h seg-qua), sáb-dom 11h-24h
À noite, o néon azul da antiga loja "Bosh" pisca no alto desse restaurante 100% biológico. Conversas animadas ao redor de compridas mesas de madeira. Prato Kr175-210.

Frederiks Have (**E** A2)
→ *Smallegade 41 Tel 38 88 33 35 Seg-sáb 12h-14h30, 17h30-21h30*
Saborosa cozinha que privilegia os sabores nórdicos, preparados por chefs suecos e dinamarqueses. Frango poché, mostarda e mel; frango com couve de Lammefjorden e beterraba... Guardanapos de linho, velas e terraço idílico. Menu Kr295-395; prato Kr285.

Les Trois Cochons (**E** D3)
→ *Værnedamsvej 10*
Tel 33 31 70 55 Seg-sáb 12h-14h30, 17h30-22h; dom 17h30-22h
As fotos em sépia nas paredes lembram a doce França, assim como o menu com especialidades gaulesas (moules frites, steak tartare...) e dinamarquesas (leitão com alcaparras...). Menu Kr295-420.

Famo (**E** D3)
→ *Saxogade 3 Tel 33 23 22 50 Diariam 18h-22h*
O chef italiano, que já passou pelos maiores restaurantes, decidiu abrir sua própria trattoria. Impossível resistir aos antepastos. Menu Kr350.

CAFÉS, BARES DE VINHO

Granola (**E** D3)
→ *Værnedamsvej 5 Tel 31 31 15 36 Seg-sex 7h-24h, sáb-dom 9h-24h (16h dom)*

MILIBE

PETER BEIER

Único endereço da cidade onde se pode saborear o famoso rødgrød (mingau de frutas com creme). Também tem milk-shakes de frutas frescas e sorvetes artesanais. Café da manhã o dia inteiro.

Bang & Jensen (**E** D4)
→ *Istedgade 130 Tel 33 25 53 18 Seg-sex 7h30-2h, sáb-dom 10h-2h (24h dom)*
Esse estranho café tem rádios e luminárias antigas de todo tipo, banquetas desparelhadas e até um revérbero (lâmina ou espelho que torna a luz mais intensa). Petiscos variados a preços módicos (quesadillas, massas, sopa). Prato Kr70-100.

Paté Paté (**E** E3)
→ *Slagterboderne 1 Tel 39 69 55 57 Seg-sex 9h-24h (1h qui, 3h sex), dom 11h-3h*
Enorme bar com vinhos e aperitivos numa antiga fábrica de patê de fígado no coração de Kødbyen. Prato Kr85-295.

Meyer's Deli (**E** D2)
→ *Gammel Kongevej 107 Tel 33 25 45 95 Diariam 8h-22h*
Do gastrônomo Claus Meyer – coproprietário do noma (**D** C3) –, uma cafeteria-mercearia ideal tanto para um brunch quanto para um simples café. Prato Kr125-135.

BARES, MÚSICA

Kødbyen (**E**)
Reformados e de um branco imaculado, os armazéns do antigo bairro dos açougueiros tornaram-se ponto de encontro noturno da juventude.

Jolene (**E** F3)
→ *Flæsketorvet 81-85 Tel 35 85 69 60 Qui-sáb 20h-4h*
Dificílimo de entrar no fim da noite. A pista de dança é literalmente tomada de assalto pela população estudantil. Música eletrônica durante a semana, um pouco mais comercial nos fins de semana. Gays são bem aceitos.

Bakken (**E** E3)
→ *Flæsketorvet 19-21 Sex-sáb 23h-5h (alguns shows qui)*
Bar de rock frequentado por jovens descolados em busca de música ao vivo e de um lugar para dançar. Pode-se fazer um brinde no pátio, iluminado por luzes coloridas.

KB18 (**E** E4)
→ *Kødboderne 18 Tel 33 31 39 33 Qui-sáb 20h-8h (1h qui)*
No primeiro andar de um antigo frigorífico, playlist endiabrada do DJ: house, tecno, eletrônico.

BOATE

Vega (**E** D3)
→ *Enghavevej 40 Tel 33 25 70 11*
Ideal Bar *Qua-sáb 21h-1h*
Lille Vega *Sex-sáb 24h-5h*
Natklub *Sex-sáb 23h-5h*
Estudantes e boêmios se acabam ao ritmo da música dos DJs como se estivessem numa festa entre amigos. Vários ambientes, em três andares: bar lounge, salão para shows, night-club.

COMPRAS

Designer Zoo (**E** B3)
→ *Vesterbrogade 137 Tel 33 24 94 93 Seg-sáb 10h-17h30 (19h sex, 15h sáb)*
Imersão pura na moda criada por jovens dinamarqueses. Móveis, bijuterias, roupas e cerâmicas produzidas no local. Um must.

Emma Lu (**E** E3)
→ *Istedgade 101 Tel 33 11 91 01 Seg-sáb 11h-17h30 (15h sáb)*
Minúscula loja feminina com opções estilosas e extravagantes. Estampas alegres, tecidos fluidos.

Sort Kaffe & Vinyl (**E** E3)
→ *Skydebanegade 4 Tel 61 70 33 49 Diariam 8h (9h sáb-dom)-19h*
Misto de loja de discos e café. Christian Rygaard, apaixonado por música, pilota tão bem a máquina de café expresso quanto o toca-discos. Pode-se usar fones de ouvido para degustar música no terraço.

Afuk (**E** E3)
→ *Skydebanegade 46 Tel 36 96 33 83 Qui-sáb 12h-18h (15h30 sáb)*
Design escandinavo das décadas de 1960 e 1970 é a especialidade dessa minúscula loja, onde se encontram rádios, garrafas, luminárias, taças, brinquedos...

Milibe (**E** D2)
→ *Gammel Kongevej 92 Tel 33 25 11 44 Seg-sex 11h-17h30 (18h sex), sáb 10h-14h*
Loja da famosa estilista dinamarquesa de roupas infantis. Modelos modernos e confortáveis, além de calçados.

Peter Beier (**E** D2)
→ *Gammel Kongevej 98 Tel 33 21 33 00 Seg-sáb 10h-18h (19h sex, 17h sáb)*
Paraíso dos chocólatras. Cada chocolate é uma pequena obra de arte gourmet. O cúmulo da perfeição: Peter Beier é dono de uma plantação de cacau em uma ilha caribenha.

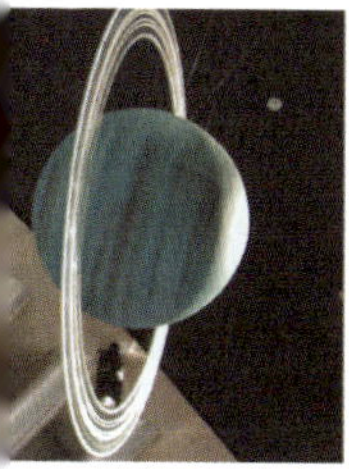

ØKSNEHALLEN

KØBENHAVNS MUSEUM

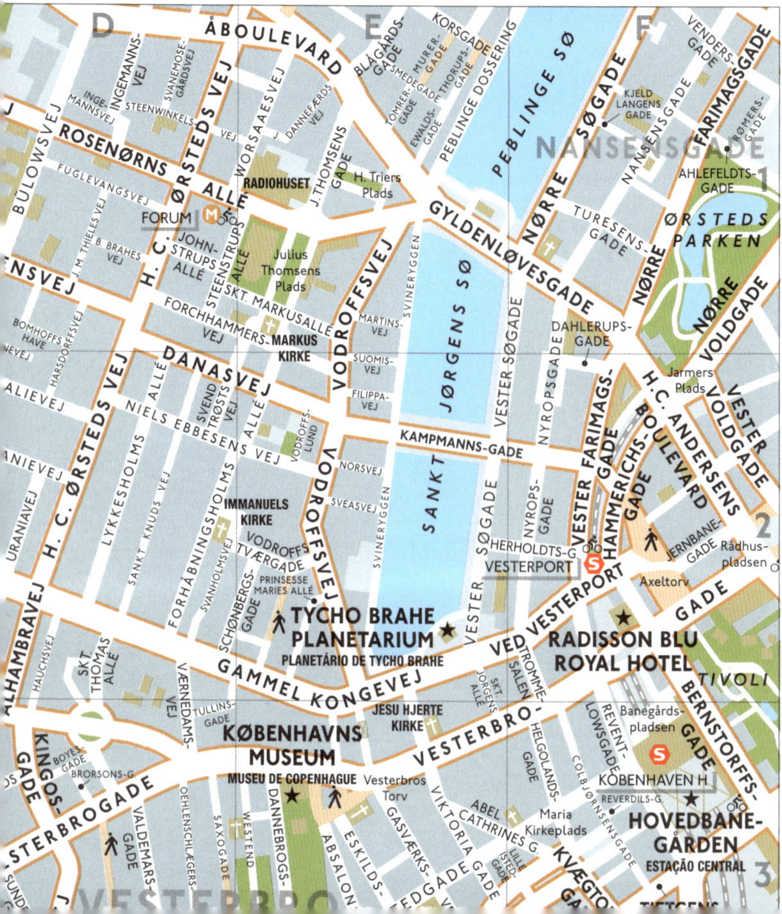

▶ Mapa A/F

▶ Mapa A/B

BAKKEHUSMUSEET

FREDERIKSBERG HAVE

a York, essa "cidade arne" (Kødbyen), que nte um século reuniu tedouros, armazéns ríficos e açougues, sformou-se em um r da moda. Galerias, ros comerciais, restau-es, bares e discotecas param as antigas insta-es. Um local verdadei-ente insólito.

tedgade (**E** E3)
no centro de Vesterbro representa a imagem se antigo bairro ope- onde se misturam rantes, traficantes, titutas e estudantes colados. Resultado de programa de revitalização dos anos 1990, sex-shops, casas de sanduíches shawarma e outras espeluncas cedem cada vez mais espaço a lojas-ateliês de jovens artistas – esse é o berço da nova onda de Copenhague.

★ **Carlsberg Bryggerierne** (**E** B4)
→ *Gamle Carlsberg Vej 11*
Tel 33 27 10 20
Ter-dom 10h-17h
Passeio pela bela e antiga cervejaria Carlsberg (1847). Reconstituições, filmes e documentos contam a história do império dinamarquês da cerveja. Conheça as estrebarias e veja as carroças de entrega, antes de uma degustação grátis. Não deixe de visitar a Porta dos Elefantes, com design de Dahlerup, erguida em 1901 *(Ny Carlsberg Vej)*.

★ **Bakkehusmuseet** (**E** B3)
→ *Rahbeks Allé 23*
Tel 33 31 43 62
Ter-dom 11h-16h
Paredes em tons de rosa e verde claros, móveis de época e assoalhos polidos dão a esse incrível museu um ar de chalé inglês. A família Rahbek costumava reunir em seus salões as maiores figuras do círculo intelectual e artístico da chamada Era de Ouro dinamarquesa (primeira metade do séc. XIX.).

★ **Frederiksberg Have** (**E** B2)
→ *Tel 33 95 42 00 (jardim)/ 36 13 26 11 (castelo)*
Diariam 6h-pôr do sol
Enorme e romântico parque em estilo inglês. Frederiksberg Slot, residência real transformada em academia militar em 1869, domina os gramados que se estendem até os lagos onde se pratica canoagem. Não deixe de ver, também, a Frederiksberg Kirke, surpreendente capela octogonal (1734) com decoração barroca, e o zoológico *(Roskildevej 32)*.

DEN HIRSCHSPRUNGSKE SAMLING

STATENS MUSEUM FOR KUNST

★ **Assistens Kirkegård** (**F** A3)
→ *Kapelvej 4 Tel 35 37 19 17*
Abr-set: diariam 7h-22h; out-mar: diariam 7h-19h
O vasto Cemitério da Assistência foi criado em 1760. As sepulturas surgem nas voltas dos caminhos, entre árvores e gramados. Veja os túmulos de Søren Kierkegaard (A17) e de Hans Christian Andersen (P1).

★ **Superkilen** (**F** A1)
→ *Mimersgade*
Esse extenso espaço urbano, projetado para atender os moradores do bairro, recebeu em 2013 o prêmio Mies Van der Rohe de arquitetura contemporânea. A Praça Vermelha é pontuada por tons de roxo e abriga equipamentos esportivos, ciclovias e lâmpadas de formato incomum. Em seguida, o Mercado Negro, de chão escuro com listras brancas curvilíneas, reúne bancos, um brinquedo em forma de polvo para escalar e uma fonte marroquina. Por fim, o arborizado Parque Verde dispõe de gramados macios em relevo. Diversidade bem à imagem de Nørrebro.

★ **Sortedam Dossering** (**F** D3)
Passeio amado pelos copenhaguenses, ao longo dos lagos artificiais da cidade. Mesas e cadeiras se espalham sob as árvores, onde se pode ficar observando a arte de viver dinamarquesa e o vaivém de bicicletas, corredores e carrinhos de bebê.

★ **Fælledparken** (**F** D1)
É o Central Park de Copenhague. Aos primeiros raios de sol os dinamarqueses vão lá passear, fazer piqueniques, jogar futebol... e bronzear-se, tomando os gramados de assalto. Shows gratuitos ao ar livre e um "jardim dos sentidos" para as crianças.

★ **Brumleby** (**F** D1)
Encantador conjunto de 500 casas erguidas em 1853 em sistema de cooperativa para a Associaç Médica Dinamarquesa. Primeiro projeto social d alojamento do país, essa casas confortáveis permi ram aos mais desfavorec dos viver dignamente lor da periferia da cidade. Fa chadas alegres e ruas tra quilas – um oásis de paz antes reservado a pouco privilegiados.

★ **Den Hirschsprungsk Samling** (**F** E3)
→ *Stockholmsgade 20*
Tel 35 42 03 36
Ter-dom 11h-16h
Excelente coleção de arte dinamarquesa do séc. XIX reunida pelo magnata do

ASSISTENS KIRKEGÅRD

SUPERKILEN

SORTEDAM DOSSERING

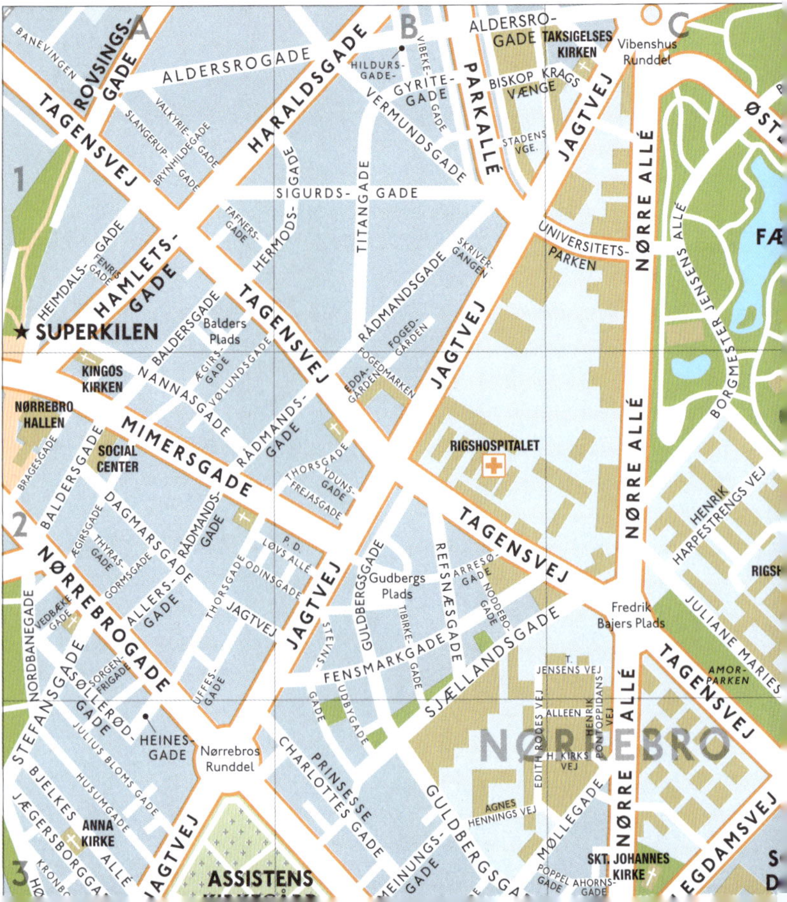

Em Nørrebro, no centro de um caldeirão de imigrantes, artistas e estudantes, três ruas ao redor da Sankt Hans Torv – Blågårdsgade, Elmegade e Ravnsborggade – são ocupadas por bazares turcos, lojas de objetos usados, restaurantes indianos e bares agitados. A oeste, o singular parque de Superkilen, uma área toda em vermelho, preto e verde, convida a um lazer urbano. A sudeste, Sortedam Dossering, o passeio clássico à beira dos lagos, leva a Østerbro, onde embaixadas e lojas de luxo se enfileiram nas largas avenidas. Ao sul, na calma de parques e jardins, museus importantes circundam a antiga residência real de Rosenborg.

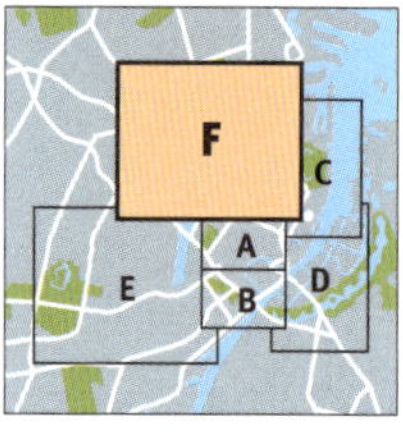

AAMANNS

DAG H

RESTAURANTES

Aamanns (**F** E3)
→ *Øster Farimagsgade 10*
Tel 35 55 33 44 Seg-sáb 11h-20h (16h30 sáb), dom 12h-16h30
Referência de smørrebrød em Copenhague, a degustar no local, em ambiente intimista, ou para levar para viagem. Cavala, aneto, alcaparra, cebolinha branca; porco na brasa, ruibarbo; steak tartare com pão de centeio. Smørrebrød Kr55-65.

Kate's joint (**F** B4)
→ *Blågårdsgade 12*
Tel 35 37 44 96
Diariam 17h-22h30
Ambiente bem comunitário, com ar de colônia de férias e banquetas ao redor de belas e longas mesas de madeira. Grande variedade de cozinhas, todas apimentadas: antilhana, africana, asiática... Sempre muito cheio – e barato. Prato Kr85-125.

Fru Heiberg (**F** E2)
→ *Rosenvængets Allé 3*
Tel 35 38 91 00 Diariam 17h-22h
Teto engastado de vidro, mesas de madeira escura, piso de tacos, gramofone – tudo lembra a alma da heroína local, Fru Heiberg, intelectual do séc. XIX que vivia a dois passos desse estabelecimento. A cozinha dinamarquesa do chef é muito reconhecida na cidade. Menu Kr295; prato Kr 85-195.

Le Saint-Jacques (**F** E1)
→ *Sankt Jakobs Plads 1*
Tel 35 42 77 07 Seg-sáb 12h-15h (16h sáb), 18h-22h; dom 12h-15h, 17h-22h
Inúmeras imagens de São João cintilam à luz dos lustres. Daniel Letz cuida com carinho da casa: salmão defumado imperial, pintado ao limão, confit de pato à moda antiga... Prato Kr85-195.

Relæ (**F** A3)
→ *Jægersborggade 41*
Tel 36 96 66 09 Qua-sáb 17h30-24h, sáb 12h-15h
Bistrô gastronômico cada vez mais famoso. O chef Christian Puglisi inova e renova suas criações ao longo do ano. Melro, pera, bergamota; compota de ruibarbo, amêndoa e moscatel. Menu Kr450.

Geranium (**F** D1)
→ *Per Henrik lings Allé 4*
Tel 69 96 00 20 Qui-sáb 12h-15h30, qua-sáb 18h30-24h
O chef Rasmus Kofoed impressiona com seu menu-degustação de vinte pratos premiados, um mais saboroso que o outro. Menu Kr1.200-1.600; vinho Kr900-1.300.

LAUNDROMAT CAFÉ

KERAMIKBUTIKKEN

INGERSLEV ANTIK

CAFÉS

Kaffesalonen (**F** C4)
→ *Peblinge Dossering 6 Tel 35 35 12 19 Diariam 8h (10h sáb-dom)-24h*
Bastante popular, esse bistrô fica maior a partir da primavera, graças a um terraço grande à beira da água, ao pé da ponte Dronning Louises. Cerveja e café razoáveis – valem mais por conta da localização e da vista para os lagos.

Malbeck Vinoteria (**F** B3)
→ *Birkegade 2 Tel 32 21 52 15 Diariam 9h-24h (1h sex-sáb, 17h dom)*
Bom endereço para ficar no terraço e aproveitar o movimento da rua Elmegade. Vinhos do mundo todo servidos na temperatura ideal em taças de cristal Riedel.

Bankerät (**F** C4)
→ *Ahlefeldtsgade 27-29 Tel 33 93 69 88 Diariam 9h30 (10h30 sáb-dom)-24h*
Decoração descolada entre o sonho e o pesadelo, provoca estranhas sensações. Culinária deliciosa e brunch famoso em um dos cafés pioneiros desse bairro da moda. Prato Kr69-129.

Props Coffee Shop (**F** C4)
→ *Blågårdsgade 5 Tel 35 36 99 55 Seg-sáb 11h-24h (2h qui-sáb), dom 12h-23h*
Dá para ficar horas nessa "casa da vovó" de móveis patinados, paredes de tijolos à vista e estantes cheias de livros. Frequentado pelos jovens "intelectuais" do bairro.

Nørrebro Bryghus (**F** C3)
→ *Ryesgade 3 Tel 35 30 05 30 Seg-sáb 12h-24h (2h sex-sáb)*
Para uma cerveja fresca, recém-tirada dos barris. Trinta cervejas diferentes produzidas no local pelos mestres cervejeiros da Carlsberg. Menu Kr340; prato Kr95-300.

Dag H (**F** E2)
→ *Dag Hammarskjölds Allé 38 Tel 35 27 63 00 Seg-sex 8h-23h, sáb-dom 10h-23h (22h dom)*
Belo terraço, salão claro e cafés de todos os tipos vindos da fábrica vizinha: é nesse estabelecimento que os moradores do bairro tomam o cafezinho matinal, ou um chocolate com chantili. Serve pratos de bistrô.

The Laundromat Café (**F** C3)
→ *Elmegade 15 Tel 35 35 26 72 Diariam 8h (9h sáb-dom)-23h*
Primeira lavanderia-café automática da cidade! Os amigos vêm juntos lavar roupa na sala vermelha dos fundos, comprar livros usados, ler jornais ou simplesmente observar o movimento enquanto a máquina bate a roupa...

Gefärhlich (**F** C4)
→ *Fælledvej 7 Tel 35 24 13 24 Ter-sáb 17h-24h (2h qui, 4h30 sex-sáb)*
Café, restaurante e casa noturna dividem esse lugar, que abriga também um salão de cabeleireiro e uma galeria de arte. Oferece cardápio com pratos tradicionais franceses e dinamarqueses.

Rust (**F** C3)
→ *Guldbergsgade 8 Tel 35 24 52 00 Sex-sáb 20h-5h www.rust.dk*
Um salão para shows e uma pista de dança. Músicas pop, indie rock, eletrônica e hip-hop. Já recebeu shows da banda Bloc Party e de Rufus Wainwright.

COMPRAS

Keramikbutikken (**F** B4)
→ *Blågårds Plads 12 Tel 26 37 29 81 Ter-sex 10h-17h30, sáb 11h-14h*
Para ver os ceramistas em ação e comprar direto deles. Puro estilo dinamarquês: cores pastel e linhas simples. A partir de Kr170.

Ravnsborggade (**F** C4)
Rua dos antiquários, lojas de objetos de design usados e de jovens estilistas.

Ingerslev Antik (**F** C4)
→ *Ravnsborggade 22 Tel 33 37 88 89 Seg-sáb 11h30-17h30 (15h sáb)*
Porcelanas, quadros, guardanapos da vovó... Uma das mais belas lojas da rua, por conta da fachada de madeira.

Mondo Kaos (**F** B3)
→ *Birkegade 1 Tel 60 95 11 36 Ter-sáb 11h-18h (16h sáb)*
Uma moda para as mulheres – tanto para as mais ligadas nas tendências quanto para as que adoram uma peça vintage.

Elmegade (**F** B3-C3)
Rua dos bons endereços: padaria, comida biológica para viagem, livros antigos, design, estilistas, moda streetwear, cabeleireiro etc.

Kendt (**F** C4)
→ *Nansensgade 42 Tel 20 96 29 02 Qua-sex 12h-18h, sáb 10h-14h*
Loja onde o jovem estilista produz seus próprios modelos com peças vintage de grandes marcas (Prada, Louis Vuitton, Dior, Versace, Chanel...).

FÆLLEDPARKEN

BRUMLEBY

▼ Mapa C

ANISK HAVE

ROSENBORG SLOT

DAVIDS SAMLING

aco Hirschsprung. Na
ponente mansão neo-
ssica, móveis de época
vivem com obras da Era
Ouro dinamarquesa (pri-
ira metade do séc. XIX;
ersberg, Købke) e com
turas do grupo de Ska-
(segunda metade do
. XIX; Michael e Ana
cher, Peder S. Krøyer).

**Statens Museum
Kunst** (**F** E4)
Sølvgade 48-50
33 74 84 94
-dom 10h-17h (20h qua)
Museu Nacional de Belas-
tes, cujas imensas cole-
s foram doadas ao Es-
o pela família real em
48. Quantidades consideráveis de arte dinamarquesa, italiana, holandesa e flamenga na ala central; arte moderna na ala de linda arquitetura em vidro de Anna Maria Indrio e Mads Moller (1998).

★ **Botanisk Have** (**F** D4)
→ *Gothersgade 128*
Tel 35 32 22 22
Mai-set: diariam 8h30-18h; out-abr: diariam 8h30-16h
Jardim botânico com mais de 20 mil espécies. A belíssima Palmhuset (1874), estufa de 94m de comprimento com 4.000m² de vidro, foi concebida pelo industrial cervejeiro Carl Jacobsen. A galeria circular abriga uma linda coleção de palmeiras.

★ **Rosenborg Slot** (**F** E4)
→ *Øster Voldgade 4A*
Tel 33 15 32 86 Nov-abr: ter-dom 10h-14h; mai, set-out: diariam 10h-16h; jun-ago: diariam 10h-17h
Residência de veraneio (1606) favorita de Cristiano IV, exibe a marca da paixão do rei pela arquitetura holandesa. Sua silhueta delicadamente esculpida destaca-se em meio aos jardins reais, aos canteiros de flores e ao roseiral, muito apreciados pela juventude local. É desse ponto, onde ficam seus alojamentos, que a guarda real parte todos os dias para fazer a troca em Amalienborg. Não deixe de visitar os salões, cada um mais luxuoso que o outro, e de se extasiar com as deslumbrantes joias da Coroa.

★ **Davids Samling** (**F** E4)
→ *Kronprinsessegade 30-32*
Tel 33 73 49 49 Ter-dom 10h-17h (21h qua)
Fundação famosa por sua coleção de arte islâmica, única na Escandinávia. O oriental em todo o seu esplendor: exemplares do Corão com iluminuras, antiguidades persas, indianas, árabes. Pode-se conhecer também o interior burguês (séc. XVIII) da casa do colecionador.

AEROPORTO DE KASTRUP

AEROPORTO DE KASTRUP

ÔNIBUS

A PARTIR DE KR800 (€107)

Saga Hotel (**E** F3)
→ *Colbjørnsensgade 18-20 Tel 33 24 49 44 www.sagahotel.dk*
79 quartos confortáveis bem perto da estação e do parque Tivoli. Bom para férias em família (até 5 camas/quarto). Kr500-1.700.

Euroglobe Hotel (**E** D2)
→ *Niels Ebbesens Vej 20 Tel 33 79 79 54 www.hoteleuroglobe.dk*
A 5min dos lagos, em bairro residencial, tem um ar de colônia de férias com seus 46 quartos despojados. Kr580-980.

Hotels Cabinn (**B** B3)
→ *Mitchellsgade 14 Tel 33 46 16 16*
→ *55 Vodroffsvej* (**E** E2) *Tel 35 36 11 11 www.cabinn.com*
Cabines pré-fabricadas, como num ferry-boat. Compactas. Café da manhã Kr70. Kr675.

Wakeup Copenhagen (**B** B4)
→ *Carsten Niebuhrs Gade 11 Tel 44 80 00 00 www.wakeupcopenhagen.com*
Para os amantes do design dinamarquês. Um hotel bem situado entre o Tivoli, a estação central e o porto. Quartos impecáveis e ultramodernos. Café da manhã Kr70. Kr700/pessoa.

Hotel Fy&Bi (**E** A4)
→ *Valby Langgade 62 Tel 36 45 44 00 www.hotelfyogbi.dk*
Essa deliciosa casinha de muros ocre esconde um terraço atrás de uma porta. Para se sentir no campo, a menos de 15min do centro da cidade. 16 quartos. Kr795.

KR800-1.400 (€107-190)

Hotel Josty (**E** B3)
→ *Frederiksberg Have Pile Allé 14A Tel 38 86 90 90 www.josty.dk*
Aninhado no coração do parque de Frederiksberg, a 15min do centro da cidade. Maravilhoso pavilhão, lembra um castelo. Para se sentir mimado. Kr900.

City Hotel Nebo (**E** F3)
→ *Istedgade 6-8 Tel 33 21 12 17 www.nebo.dk*
Ao lado da estação, o hotel da Missão dinamarquesa tem um pátio interno para o café da manhã durante o verão. 84 quartos com decoração simples, mas bem-cuidados. Kr900.

Hotel SP34 (**A** A3)
→ *Sankt Peders Stræde 34 Tel 33 13 30 00 www.brochner-hotels.dk*
Design escandinavo minimalista, combinando couro, madeira e concreto. 118 quartos elegantes.

Hotel Bethel Sømandshjem (**D** B2)
→ *Nyhavn 22 Tel 33 13 03 70 www.hotel-bethel.dk*

CARRO

De Paris, 1.200km em 12h30, via Liège, Osnabrück, Bremen, Hamburgo, Lübeck e Puttgarden, localidade onde se pega a balsa (45min) para Rødbyhavn, já na Dinamarca, a 2h da capital.

Scandlines
→ *Tel 33 15 15 15 www.scandlines.dk*
Viagens de balsa.

AO VOLANTE

Os dinamarqueses respeitam muito as leis de trânsito e trafegam o dia inteiro de farol aceso.

Limites de velocidade
50km/h na cidade, 80km/h nas estradas e 110-130km/h nas autoestradas.

Estacionamento
É difícil estacionar no centro de Copenhague. Placas azuis "P Billetautomat" sinalizam estacionamento pago.
→ *Seg-sáb 8h-20h Tarifa Kr11/h, Kr18/h ou Kr30/h, conforme a zona*

TÁXIS

Todos os táxis aceitam cartão de crédito e... bicicletas! É habitual o passageiro se sentar ao lado do motorista.

Tarifa
Tarifa inicial Kr37-50, depois cerca de Kr11,50-15,80/km.

Reserva
Københavns Taxa
→ *Tel 35 35 35 35*
Dantaxi
→ *Tel 38 10 10 10*
Taxi Nord
→ *Tel 48 48 48 48*

AVIÃO

Københavns Lufthavn
→ *Tel 32 31 32 31*
www.cph.dk
Kastrup, eleito o aeroporto mais bonito do mundo em 2000; inúmeras e excelentes lojas.
Aeroporto-centro
Metrô
→ *M2 Diariam 24h Terminal 3 Trajeto 14min Kr36*
Trem
→ *Diariam 5h-24h (a cada 10min) Trajeto 12min Kr36*
Ônibus
→ *Diariam 24h (a cada 10min; após as 24h, a cada 30min) Traj. 30min Kr36*
Táxi
→ *Trajeto 15-20min Cerca de Kr270*

ACESSO AO AEROPORTO

TREM

De Paris (Gare du Nord)
→ *Tel 36 35*
www.voyages-sncf.com
2 trens por dia via Colônia. 14h de trajeto.
Københavns Hovedbanegården
→ *Tel 70 13 14 15*
www.dsb.dk

ÔNIBUS

Eurolines
→ *Tel 08 92 89 90 91 (França) / 33 88 70 00 (Dinamarca)*
www.eurolines.com
Paris-Copenhague: 1 a 2 ônibus/dia. 18h de trajeto.
Lille-Copenhague: 3 ônibus/semana. 17h de trajeto.

A hospedagem é bastante cara. Mas os preços baixam de 10% a 20% no inverno (out-abr). O escritório de turismo sugere, no próprio dia, hospedagem em hotel ou na casa de um morador da cidade a partir de Kr400 (sem café da manhã).
Wonderful Copenhagen (**B** A2)
Vesterbrogade 4A
Tel 70 22 24 42
Salvo menção em contrário, os preços indicados a seguir são para um quarto de casal standard com banheiro e café da manhã na alta temporada, o verão.

CAMPINGS

Bellahøj Camping
→ *Hvidkildevej 66*
Tel 38 10 11 50 Jun-ago
www.bellahoj-camping.dk
A 20min do centro. Kr68/pessoa.
Camping Charlottenlund Fort
→ *Strandvejen 144B*
Tel 39 62 36 88 Meados mar-meados out www.campingcopenhagen.dk
A 30min do centro, com vista para o mar. Kr100/pessoa.

ALBERGUES DA JUVENTUDE

Sleep-in Heaven (**F** A4)
→ *Struenseegade 7*
Tel 35 35 46 48
www.sleepinheaven.com
O "albergue do paraíso" fica atrás do cemitério! Requintado pátio que atrai os jovens e os menos jovens. 90 leitos. Reserve pela internet. Café da manhã Kr50. Kr140/pessoa sem carteira de estudante.
Cph Down Town (**B** C1)
→ *Vandkunsten 5*
Tel 70 23 21 10 www.copenhagendowntown.com
No coração artístico da cidade e com atmosfera bem escandinava, 365 leitos para mochileiros desacompanhados, famílias ou grupos. Um restaurante e um bar. Shows e festas qui-sáb. Café da manhã Kr65. A partir de Kr140.
Danhostel Copenhagen City (**B** D3)
→ *H. C. Andersens Boulevard 50 Tel 33 11 85 85 www.danhostelcopenhagencity.dk*
Numa torre, ponto de referência da cidade à beira-mar, lugar superdesign com cafeteria movimentada, internet, self-service apetitoso. Quartos para no mínimo 6 pessoas. E quartos de casal com banheiro (Kr440-655). Peça em andar alto, para apreciar a vista. Todas as idades. Café da manhã Kr75. Kr155-225/pessoa.
Danhostel Copenhagen Amager
(fora do mapa **D** A6)
→ *Vejlands Allé 200*
Tel 32 52 29 08 www.danhostelcopenhagen.dk
Ônibus 30 ou metrô 1 (Bella Center) A 20min do centro
Vizinho à reserva natural de Amager Fælled, albergue sempre cheio e animado. 512 leitos. Café da manhã Kr65. Kr165/pessoa.
Danhostel Copenhagen Bellahøj
(fora do mapa **F** A2)
→ *Herbergvejen 8*
Ônibus 2A Tel 38 28 97 15
www.copenhagenhostel.dk
A 15min do centro
243 leitos num bairro residencial tranquilo. Café da manhã Kr65. Kr165/pessoa.
Løven (**E** F2)
→ *Vesterbrogade 30*
Tel 33 79 67 20
www.loevenhotel.dk
Localização ideal (e rara) em pleno centro para um albergue da juventude de luxo: assoalhos claros, paredes brancas e quadros contemporâneos. 50 quartos. Kr590, sem café da manhã e sem banheiro.

O melhor de Copenhague

Dez ideias para conhecer a capital de um jeito diferente

Comer smørrebrød de arenque
Excelentes marinheiros pescadores, os dinamarqueses conservaram suas tradições culinárias, em especial a do arenque marinado, cru ou com especiarias, degustado na hora do almoço sobre uma fatia de pão preto de centeio com manteiga.
→ *Várias opções: no Aamanns* (**F** E3), *no Schønnemann* (**A** D2) e *no Hallernes Smørrebrød, dentro do mercado coberto de Torvehallerne* (**A** B1),

Mergulhar no design dinamarquês
Reflexo fiel da mentalidade dinamarquesa, apaixonada por beleza, simplicidade e funcionalidade. Quem não sonha voltar para casa com uma cadeira Jacobsen na mala pode optar por uma estada no hotel projetado por ele na década de 1960, o Radisson Blu. Ou, então, pode preferir experimentar o visual retrô do Alexandra (Finn Juhl), o minimalismo do Skt. Petri (Erik Møller Arkitekter) ou as linhas gráficas do SP34 (Morten Hedegaard).
→ *Radisson Blu Royal Hotel* (**E** F2), *Hotel Alexandra* (**B** A1), *Hotel Skt. Petri* (**A** C3), *Hotel SP34* (**A** A3)

Tomar uma cerveja
Pilar da cultura nacional, a cerveja é produzida por artesãos, como na Idade Média, ou por grandes empresas, como a Carlsberg ou a Tuborg. Ela é a bebida de todas as ocasiões, em casa, no bar ou no parque. Para ver com seus próprios olhos, vá ao bairro da universidade. Quando começa a esfriar, os bares oferecem cobertas aos clientes para que eles não passem frio nos terraços abertos!
→ *Visite Carlsberg Bryggerierne* (**E** B4)

Prestar atenção nas janelas
O clima frio fez com que os dinamarqueses desenvolvessem um senso de conforto doméstico inigualável, chamado no país de *hygge*. A casa é decorada para ficar bonita, confortável, acolhedora, e, além de tudo, enfeitam-se os parapeitos das janelas com bibelôs, anjinhos, velas (a "luz viva" tão cara aos daneses), guirlandas de galhos secos e pequenas almofadas para tornar a vida mais agradável, mesmo para quem está do lado de fora.
→ *Experimente o* hygge *no restaurante Spisehuset 56°* (fora do mapa **D** D1) *ou no 71 Nyhavn Hotel* (**D** B2)

Cuidar dos filhos depois das 16h
Na Dinamarca, o tempo dedicado à família é sagrado. No meio da tarde,

SPISEHUSET 56°

PARQUE TIVOLI

SMØRREBRØD NO AAMANNS

Transportes e hospedagem

Transporte

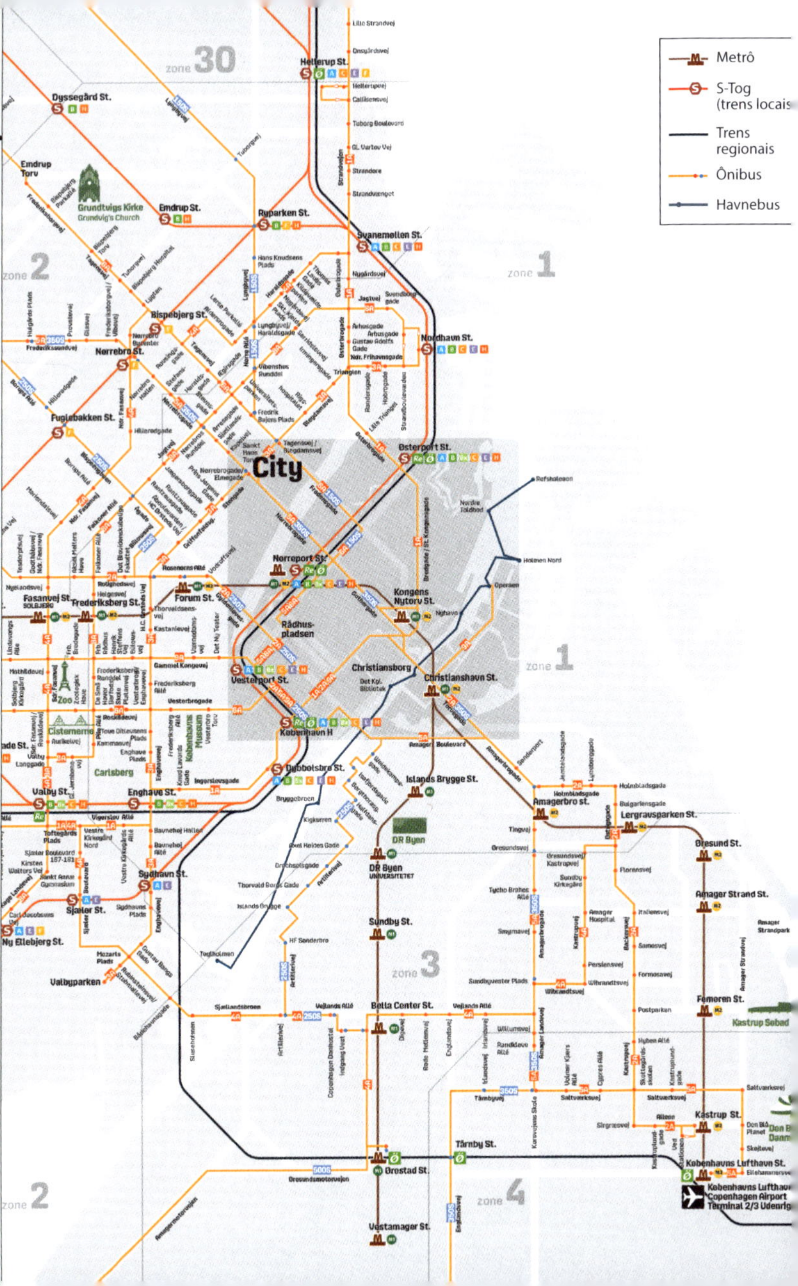
Metrô
S-Tog (trens locais
Trens regionais
Ônibus
Havnebus
zone 30
zone 2
zone 1
zone 3
zone 4
City
Hellerup St.
Dyssegård St.
Emdrup Torv
Grundtvigs Kirke
Grundvig's Church
Emdrup St.
Ryparken St.
Svanemøllen St.
Bispebjerg St.
Nørrebro St.
Nordhavn St.
Fuglebakken St.
Østerport St.
Refshaleøen
Nordre Toldbod
Holmen Nord
Operaen
Nørreport St.
Fasanvej St.
Frederiksberg St.
Forum St.
Kongens Nytorv St.
Nyhavn
Rådhuspladsen
Christiansborg
Christianshavn St.
Vesterport St.
Zoo
Cisternerne
København H
Carlsberg
Dybbølsbro St.
Islands Brygge St.
Amagerbro St.
Lergravsparken St.
Valby St.
Enghave St.
DR Byen
Øresund St.
Sydhavn St.
Sjælør St.
Ny Ellebjerg St.
Amager Strand St.
Sundby St.
Teglholmen
Valbyparken
Femøren St.
Kastrup Søbad
Bella Center St.
Tårnby St.
Kastrup St.
Ørestad St.
Københavns Lufthavn St.
Københavns Lufthavn
Copenhagen Airport
Terminal 2/3 Udenrigs
Vestamager St.

MAPA DAS LINHAS DE METRÔ E TRAJETO DO BARCO HAVNEBUS ("ÔNIBUS DO PORTO")

BICICLETA

Principal meio de transporte da cidade, conta com ciclovias por toda parte. Possibilidade de transportar a bicicleta de graça no S-Tog e no metrô (Kr13).

Bycyklen
→ *www.bycyklen.dk*
Use e pague Kr25/h Com assinatura Kr70/mês, com 30min grátis e depois Kr6/h
Sistema municipal de aluguel de bicicletas elétricas. Inscrições na internet ou pelo tablet instalado na bicicleta.

Baisikeli (**E** F4)
→ *Ingerlsevsgade 80*
Tel 26 70 02 29
Kr80-450/dia.

Antiga pensão de marinheiros, com localização privilegiada no cais de Nyhavn. Um pouco decadente, mas ali sopra um vento gostoso, e os funcionários são muito gentis. 30 quartos. Kr995.

Ibsens Hotel (**A** A1)
→ *Vendersgade 23*
Tel 33 45 77 77
www.arthurhotels.dk/dk/ibsens-hotel
Perto do lago Peblinge Sø, uma mansão do séc. XIX. Peça para ficar no sexto andar, em um dos quartos do sótão com lindas vigas de madeira. Kr1.090-1.270.

Hotel Sct. Thomas (**E** D3)
→ *Frederiksberg Allé 7*
Tel 33 21 64 64
www.hotelsctthomas.dk
Charmoso hotel familiar em um bairro calmo perto de Frederiksberg. 51 belos quartos graciosos e personalizados. Kr1.095.

Hôtel du Nord (**E** F3)
→ *Colbjørnsensgade 14*
Tel 33 22 44 33
www.hoteldunord.dk
Inspiração parisiense nesse hotel situado no centro do bairro da prostituição. Moderno, confortável, alegre. Serviço agradável. 65 quartos. Kr1.250.

Scandic Webers (**E** F3)
→ *Vesterbrogade 11B*
Tel 33 31 14 32
www.scandichotels.dk
Pé-direito alto nos 152 quartos desse hotel de interior claro e limpo. Oferece jardim florido e café da manhã delicioso. Kr1.310.

Best Western Hotel Hebron (**E** F3)
→ *Helgolandsgade 4 Tel 33 31 69 06 www.hebron.dk*
Atrás da estação, grande hotel datado de 1900. Cem quartos espaçosos, confortáveis, e acolhida simpática. Kr1.395.

KR1.400-1.800 (€190-240)

Hotel Kong Arthur (**E** F1)
→ *Nørre Søgade 11*
Tel 33 45 77 00
www.arthurhotels.dk/dk/hotel-kong-arthur
Um dos primeiros grandes hotéis da cidade. Fachada e escada de época nessa bela casa de 1882 que reserva a surpresa de um terraço interno. 166 quartos luxuosos com móveis de época. Kr1.400.

Grand Hotel (**E** F3)
→ *Vesterbrogade 9 Tel 33 27 69 00 www.grandhotel.dk*
Um dos primeiros grandes hotéis da cidade, de 1880, emana um charme típico do séc. XIX. Kr1.400.

Hotel City (**D** A3)
→ *Peder Skrams Gade 24 Tel 33 13 06 66 www.hotelcity.dk*
Apesar de ser perto de Nyhavn, tudo é tranquilidade nesse hotel discreto de propriedade da mesma família desde 1955. 81 quartos. Kr1.445-1.715.

Scandic Front (**C** B6)
→ *Sankt Annae Plads 21*
Tel 33 13 34 00
www.scandichotels.dk
Acomodações com design e vista para o porto de tirar o fôlego. 131 quartos. A partir de Kr1.460.

Admiral Hotel (**C** B6)
→ *Toldbodgade 24-28 Tel 33 74 14 14 www.admiralhotel.dk*
Armazém de 1787, organizado e lindamente restaurado. Arcadas de tijolos, vigas de madeira da Pomerânia e móveis de teca dão a impressão de se estar num navio. E sem molhar os pés. 366 quartos. Kr1.500.

Copenhagen Strand (**D** B3)
→ *Havnegade 37*
Tel 33 48 99 00
www.copenhagenstrand.com
Superbem situado no porto, a dois passos de Kongens Nytorv, de Nyhavn e

TREM

NA KNIPPELSBRØ

HAVNEBUS, O "ÔNIBUS DO PORTO"

de Christianshavn pela nova passarela para pedestres. 174 quartos bem equipados, confortáveis, com uma bela vista. Kr1.500.

Phoenix (**C** B6)
→ *Bredgade 37*
Tel 33 95 95 00
www.phoenixcopenhagen.dk
Hotel, restaurante, quartel-general da Wehrmacht, sede do partido comunista: um lugar cheio de história desde 1680. 213 quartos em estilo Luís XVI extravagante, meio kitsch. Kr1.535.

Bertrams Hotel Guldsmeden (**E** D3)
→ *Vesterbrogade 107*
Tel 70 20 81 07
www.hotelguldsmeden.dk
Influências coloniais, móveis da Indonésia, café da manhã tranquilo... Um refúgio de paz no coração de Vesterbro. Kr1.550.

Hotel Skt. Petri (**A** C3)
→ *Krystalgade 22*
Tel 33 45 91 00
www.sktpetri.com
Uma grande loja de 1930, de fachada laranja, transformada num hotel de design. 268 quartos simples e bem iluminados, alguns deles decorados com obras do artista dinamarquês Per Arnoldi. Kr1.611.

Hotel Alexandra (**B** A1)
→ *H. C. Andersens Bd 8*
Tel 33 74 44 44
www.hotelalexandra.dk
Hotel de design dinamarquês em todo o seu esplendor. Com móveis assinados por Finn Juhls (1912-1989), tem um certo ar de passado nos 61 quartos com janelas-balcão das quais se descortina bela vista. Kr1.745.

HOTÉIS DE ALTO LUXO

Palace Hotel (**B** B1)
→ *Rådhuspladsen 57*
Tel 33 14 40 50 www.palacehotelcopenhagen.dk
Belíssima fachada de 1905, raro exemplo de Art Nouveau em Copenhague. Ambiente retrô (exceto os 169 quartos modernos). Kr1.695.

Radisson Blu Royal Hotel (**E** F2)
→ *Hammerichsgade 1*
Tel 33 42 60 00
www.radissonblu.dk
Concebido em 1960 pelo célebre arquiteto Arne Jacobsen em busca de um design total: quartos, talheres, maçanetas de porta... 260 quartos. Kr2.095.

Hôtel d'Angleterre (**A** F3)
→ *Kongens Nytorv 34*
Tel 33 12 00 95
www.dangleterre.dk
Um lendário palácio, com mais de 250 anos, totalmente reformado em 2012. 123 quartos personalizados, jardim de inverno, sauna e piscina. Caia na tentação de um brunch: suntuoso! Café da manhã Kr285. Kr3.000.

TRANSPORTES PÚBLICOS

Seis zonas de tarifa (entre 2 e 9): a zona 2 abrange o centro da cidade. O aeroporto se localiza na zona 3.

Ônibus
→ *Tel 36 13 14 15 Diariam 7h30 (8h sáb-dom)-21h30*
www.moviatrafik.dk

Trem
S-Tog
→ *Tel 70 13 14 15*
www.dsb.dk

DSB: Danish State Railway (Ferrovia Estatal Dinamarquesa)
→ *Tel 70 13 14 15*

Metrô
→ *Tel 70 15 16 15 Diariam 24h www.m.dk*
2 linhas, 22 estações.

Passes de transporte
Válidos para metrô, ônibus, barcos e trens (S-Tog).

Tíquete
→ *Zona 2: Kr24 Válido 1h*
→ *Zona 3: Kr36 Válido 1h*
→ *Zonas 1-9: Kr108 Válido 2h*
→ *City pass (zonas 1-4): Kr80 Válido 24h, Kr200 Válido 72h*
→ *FlexCard 7 dias (trajetos ilimitados): Kr250 (zona 2), Kr310 (zona 3)*

Copenhagen Card
→ *www.copenhagencard.com Tarifa Kr339-779 (crianças Kr179-379)*
Válido por 24h a 72h em toda a rede (mais acesso a 72 museus e outras atrações). À venda em estações de trem e no aeroporto.

Ônibus do porto (barco)/Havnebussen
Linhas 991 a 993. Prático e rápido. Mesma tarifa do metrô.

durante a semana, os pais pegam os filhos na escola. Os gramados e os terraços dos cafés ficam lotados de amigos e amigas com carrinhos de bebê, a menos que prefiram ir às compras – pois no sábado, depois do almoço, as lojas estão fechadas. Um outro ritmo.

→ *Ponto de encontro no gramado do Fælledparken* (**F** D1), *no Superkilen* (**F** A1) *e nos bares descolados de Nørrebro* (**F** C3)

Andar de bicicleta

Nessa cidade toda plana, reina um meio de transporte amado por todos Siga o exemplo dos dinamarqueses e, se precisar, alugue uma bicicleta com reboque para levar as crianças. Adote os hábitos locais e indique o caminho que vai seguir fazendo sinais com as mãos – mão estendida à direita, "vou virar à direita"; mão erguida, "vou parar". Cuidado com quem anda mais depressa nas ciclovias.

→ *Aluguel de bicicletas no www.gobike.dk ou pelo tablet instalado na bicicleta*

Pegar o "ônibus" do porto

Uma cidade marítima atravessada por um longo braço de mar: para ir a Holmen ou Christianshavn partindo de Nyhavn, pegue uma das embarcações que saem do porto. Cuidado com o penteado.

→ *Linhas 991, 992 e 993*

Divertir-se no parque Tivoli (**B** B2)

Seja no Natal, quando fica tudo iluminado, ou no verão, quando é agradável caminhar por entre os pavilhões, o parque de diversões (de 1843) atrai famílias, casais de namorados ou meros transeuntes. Seu charme atinge o apogeu no teatro chinês, onde Pierrô e Colombina se encontram à noite para a Pantomima. O parque é iluminado por milhares de lampiões.

Atualizar o guarda-roupa de inverno

Invernos rigorosos não são desculpa para andar mal arrumado. Em Copenhague você encontra todas as roupas dos seus sonhos para ficar elegante mesmo quando faz 20°C abaixo de zero.

→ *Companys* (**A** B4), *Susanne Juul* (**C** A6)

Provar a culinária contemporânea

Os chefs nórdicos, René Redzepi à frente, no noma (**D** C3), recriaram o know-how culinário. Inspirados, entre outros, pelos espanhóis e sua cozinha molecular, voltaram-se também para o seu próprio país e adaptaram pratos tradicionais à base de pescados, hortaliças, frutos e cereais. Degustar flores e raízes tornou-se delicioso. Talvez não seja um acaso: o mais antigo livro de receitas (séc. XIV) da Europa é dinamarquês.

→ *Relæ* (**F** A3), *Marv & Ben* (**B** D1). *Para o noma, reserve três meses antes*

SUSANNE JUUL

HAY

Transportes e hospedagem

S-train and metro

DOT Customer Service
45 70 15 70 00
www.dinoffentligetransport.dk

DOT Din Offentlige Transport

etrô

Tog (trens locais)

não circula no fim de semana

não circula no fim de semana

ens regionais

Índice de ruas, monumentos e atrações

Os nomes de ruas, monumentos e atrações estão classificados por ordem alfabética. As letras em negrito (**A**, **B**, **C**...) indicam o bairro e o mapa correspondente. A estrela ✪ remete à página “Atrações imperdíveis”, no início deste guia.

Ruas

Abenrå **A** C2-D2
Absalonsgade **E** E3
Admiralgade **A** E3-E4, **B** E1
Ahlefeldtsgade **E** F1
Aksel Møllers Have **E** B1
Alhambra Vej **E** D2-D3
Allégade **E** B2
Amager Boulevard **B** E4-F4, **D** A5-C6
Amager Fælledvej **D** C5-B6
Amagerbrogade **D** C5-D6
Amagertorv **A** D3-E3
Amaliegade **C** B6-C4, **D** B1-B2
Amalienborg Plads **C** B5-B6, **D** B1
Amerikakaj **C** B2-C1
Antoni Gade **A** E3
Applebys Plads **B** F3
Artillerivej **D** A6
Axeltorv **A** A4, **B** A1, **E** F2
Badstuestræde **A** C3-D4, **B** D1
Bag Rådhuset **B** B2-C2
Baldersgade **F** A1-A2
Bernstorffsgade **B** A2-C4, **E** F2-F3
Bertel Thorvaldsens Plads **A** D4, **B** D1
Blågårds Plads **F** B4
Blågårdsgade **E** E1, **F** B4-C4
Blegdamsvej **F** C3-E2
Boldhusgade **A** E4-F4, **B** E1-F1
Bredgade **C** A6-B5, **D** A2-B1, **F** F4
Bremerholm **A** E3-F4, **B** F1
Brolæggerstræde **A** C4, **B** C1
Bryghusgade **B** D2-D3
Bülowsvej **E** C2-D1
Børsgade **A** E4-F4, **B** E1-F2, **D** A3
Bådsmandsstræde **D** B4-C4
Capellakaj **C** B2-C2
Christian IX's Gade **A** E2
Christianhavns Voldgade **D** B5-C4
Christians Brygge **B** D3-F2, **D** A4
Christiansborg Slotsplads **A** E4, **B** E1
Christiansborggade **B** D3
Christmas Møllers Plads **D** C5
Dag Hammarskjölds Allé **F** E2-F3
Dagmarsgade **F** A2
Dampfærgevej **C** B1-B2
Danasvej **E** D1-E2
Dantes Plads **B** C2
Dronning Louises Bro **F** C4
Dronningens Tværgade **A** E1-F1, **C** A5-A6, **D** A1, **F** E4-F4
Ekvipagemestervej **D** C2-D1
Enghavevej **E** C4-D3
Eskadrevej **C** D5
Esplanaden **C** B5-C4
Falkoner Allé **E** B2-C1
Farvergade **A** C4, **B** C1
Fiolstræde **A** C2-C3
Folke Bernadottes Allé **C** A3-B2, **F** F3
Forbindelsesvej **C** C3-C4
Fortunstræde **A** E4
Fredensbro **F** D3
Fredensgade **F** C3-D3
Fredericiagade **C** A5-B5, **F** F4
Frederiksberg Allé **E** B2-D3
Frederiksberg Runddel **E** B2
Frederiksberggade (Strøget) **A** B4-C4, **B** B1-C1
Frederiksborggade **A** A1-C2, **F** C4-D4
Frederiksgade **C** B5-B6
Frederiksholms Kanal **B** D1-E2
Frederiksstadsgade **E** D3
Fælledvej **F** C3-C4
Galionsvej **D** D2
Gamle Carlsberg Vej **E** B4
Gammel Kongevej **E** B2-E2
Gammel Mønt **A** E2
Gammel Strand **A** D4-E4, **B** D1-E1
Gammeltorv **A** B4-C4
Gittervej **C** B2
Gothersgade **A** A1-F2, **D** A2, **F** C4-E4
Grønnegade **A** E3-F2
Grønningen **C** A3-B4, **F** F3-F4
Gråbrødretorv **A** D3
Guldbergsgade **F** B2-C3
Gåsegade **A** C4, **B** C1
Hans Christian Andersens Boulevard **A** A3-A4, **B** A1-D3, **E** F1-F2
Hans Christian Ørsteds Vej **E** D1-D2, **F** B4
Halmtorvet **E** E3-F3
Hambrosgade **B** C3-D3
Hammerichsgade **A** A4, **E** F2
Hastemølle Stræde **B** C1
Hauser Plads **A** C2-D2
Hausergade **A** C2-D2
Havnegade **A** F4, **B** F1, **D** A3-B2
Hestemølle Stræde **A** C4
Holbergsgade **D** A3-B2
Holmbladsgade **D** D6
Holmens Kanal **A** E4-F3, **B** E1-F1, **D** A3
Holsteinsgade **C** A1-B1, **F** E2-F2
Hyskenstræde **A** D3-D4
Højbro **A** E4, **B** E1
Højbro Plads **A** E3-E4
Indiakaj **C** C2
Ingerslevsgade **B** A3-A4, **E** D4-F3
Islands Brygge **B** D4-E4
Israels Plads **A** B1-B2
Istedgade **E** D4-F3
Jagtvej **F** A4-C1
Kalkbrænderlhavnsgade **C** B1-B2, **F** F1
Kalvebod Brygge **B** B4-D3, **E** E4-F4
Kampmannsgade **E** E2-F2
Kanonbådsvej **D** D2
Kastelsvej **C** A2-B2, **F** E2-F2
Kattesundet **A** B4-C4, **B** B1-C1
Klareboderne **A** D2-D3
Kløvemarksvej **D** C5-D4
Knabrostr. **A** C4-D4, **B** C1-D1
Knippelsbro **D** A3-A4
Kompagnistræde (Strædet) **A** C4-D4, **B** C1-D1
Kongens Nytorv **A** F3, **D** A2
Kornkaj **C** C1-C2
Kristianiagade **C** A3-B2, **F** F2-F3
Kronprinsensgade **A** D3-E3
Kronprinsessegade **A** E2-F1, **C** A4-A5, **F** E4-F3
Krystalgade **A** B3-C2
Kultorvet **A** C2
Kvæsthusbroen **C** C6, **D** B2-C1
Købmagergade **A** C2-E3
Landemærket **A** C2-D2
Langebro **B** D3-E4
Langelinie **C** B4-C3
Langeliniebro **C** B2-B3
Langeliniekaj **C** C1-C2
Larsbjørnsstræde **A** B3-B4
Larsens Plads **C** B6-C4, **D** B2-C1
Larslejsstræde **A** B3
Lavendelstræde **A** B4-C4, **B** B1-C1
Lille Kannikestræde **A** C3
Lille Kongensgade **A** E3-F3, **D** A2
Lille Strandstræde **C** B6, **D** B2
Linnèsgade **A** B1-B2
Læderstræde (Strædet) **A** D4-E3, **B** D1
Løngangstræde **B** C1-C2
Lønporten **A** D2
Løvstræde **A** D3
Magstræde **A** C4-D4, **B** C1-D1
Møntergade **A** D2-E2
Nansensgade **A** A1-A2, **E** F1, **F** C4-D4
Niels Brocks Gade **B** B3-C2
Niels Hemmingsens G. **A** D3
Niels Juels Gade **A** F4, **B** F1, **D** A3
Nikolajgade **A** E3-F4, **B** F1